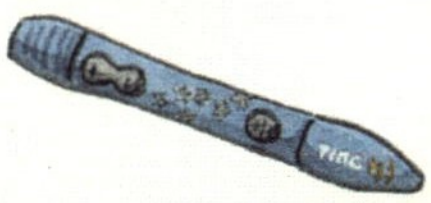

Deutsch-Stars Lesetraining: Mit Spaß lesen lernen

Liebe Kinder,

mit diesem Lesetraining könnt ihr selbstständig das Lesen üben:

- im Unterricht, wenn ihr mit euren Aufgaben fertig seid.
- zu Hause, wenn ihr noch mehr üben wollt.

In diesem Heft findet ihr interessante, spannende und lustige Texte. Hier ist bestimmt für jeden etwas dabei!

Und so wird geübt:

- Bearbeite eine Seite.
- Vergleiche deine Arbeit mit dem Lösungsheft und verbessere Fehler.
- Immer, wenn du 2 Seiten geschafft hast, darfst du einen Stern hinten in das Heft kleben.
- Auf manchen Seiten findest du Sternchenaufgaben. Diese sind besonders schwierig. Hast du sie richtig gelöst, darfst du dir auf diesen Seiten einen zusätzlichen Stern kleben.
- Wenn du alle Seiten bearbeitet und mit den Sternen das Bild geschmückt hast, bist du ein **Lese-Star**!

Herr Grün begleitet euch in diesem Heft und gibt euch an vielen Stellen Tipps.

Viel Spaß beim Lesenüben!

Inhaltsverzeichnis

Gebrauchstexte

Herr Grün stellt sich vor 4
- gezielt Informationen entnehmen
- wahre von falschen Behauptungen unterscheiden

Schultaschen-Checkliste 7
- gezielt Informationen entnehmen
- Bild und Textinformationen vergleichen
- überflüssige Gegenstände streichen

Einladung 12
- Fragen beantworten
- gezielt Informationen entnehmen
- Tätigkeiten erkennen und zuordnen

Suchanzeige 16
- Fragen beantworten
- gezielt Informationen entnehmen
- Merkmale erkennen und zuordnen

Pfadfinder 26
- gezielt Informationen entnehmen
- Informationen in eine Planskizze übertragen

Donnerwetter! 39
- gezielt Informationen entnehmen
- Informationen vergleichen und auswerten

Abkürzungen sollte man kennen! ... 43
- Wörtern und Begriffen die entsprechenden Abkürzungen zuordnen

Timos Stundenplan 46
- gezielt Informationen aus einer Tabelle entnehmen
- Wörtern die entsprechenden Abkürzungen zuordnen

Zaubertrick: Wie steigt man durch ein Blatt Papier? 64
- Bildern Bastelschritte zuordnen
- sinnerfassendes Lesen
- eine richtige Reihenfolge herstellen

Sachtexte

Brief an Oma 15
- Lückenwörter richtig einsetzen
- sich zwischen Lückenwörter entscheiden

Rund um den Apfelbaum 20
- Einzelinformationen heraussuchen
- fehlende Sinnwörter ergänzen

Tiere im Winter 36
- gezielt Informationen entnehmen
- Oberbegriffe zuordnen können
- Absätzen passende Überschriften zuordnen

Vorsicht – keine Schlange! 48
- Ergänzung von Satzfragmenten durch Informationsentnahme aus dem Text

Fehlersuche 53
- Texte genau lesen
- auf sinnfremde Wörter aufmerksam werden

Erzähltexte

Das Hexenfest 22
- gezielt Informationen entnehmen
- wortgenaues Lesen
- Fantasiebeschreibungen reale Gegenstände zuordnen

Wer hat den Dieb gesehen? 32
- gezielt Informationen entnehmen
- Informationen zeichnerisch umsetzen

Wunder gibt es nur einmal 40
- gezielt Informationen entnehmen

Hausaufgabenhilfe 44
- gezielt Informationen entnehmen

Verdrehter Tag 56
- Sätze in die richtige Reihenfolge bringen

Das Legoturm-Unglück 59
- gezielt Informationen entnehmen
- Informationen grafisch auswerten

Kein schweinischer Diebstahl 62
- Analoge Ausdrucksweisen erkennen
- Stimmigkeit von Überschrift und Text erkennen

Texte zum Knobeln und Nachdenken

Wie heißen diese Gemälde? 8
- Zuordnung Text – Bild

Wörterschlangen 10
- Wortgrenzen erkennen

Wovon sprechen diese Kinder? 11
- Texte mit dem passenden Thema verbinden
- Aussagen in verschiedenen Textstellen berücksichtigen

So viele Geschenke! 24
- gezielt Informationen entnehmen
- Beschreibungen Überbegriffe zuordnen

Schlangensätze 38
- Wort- und Satzgrenzen erkennen
- Arbeitsanweisungen gezielt ausführen

Ferienlager 42
- gezielt Informationen entnehmen
- Überbegriffe zuordnen

Richtig betont! 47
- Sätze sinnvoll betont lesen
- von der Betonung auf die Sprechabsicht schließen

Haustiere 58
- gezielt Informationen entnehmen
- Fragen beantworten
- ein Diagramm erstellen

Märchen, Sagen, Fabeln

Die Bremer Stadtmusikanten 18
- wortgenaues Lesen
- vergleichendes Lesen
- Lückenwörter richtig einsetzen

Wie Rübezahl zu seinem Namen kam 54
- zwei Texte miteinander vergleichen
- wortgenaues Lesen
- überflüssige Wörter aus Sätzen streichen

Die Höhle des Löwen 60
- gezielt Informationen entnehmen
- Absätzen passende Überschriften zuordnen
- Gehalt und Intention des Textes erkennen

Lustige Texte

Witzig, witzig! 23
- vergleichendes Lesen
- wortgenaues Lesen (zwei unterschiedliche Texte auf kleine Wortunterschiede vergleichen)

Sinnvoll oder nicht? 25
- buchstabengenaues Lesen
- sinnvolle Aussagen von nicht sinnvollen unterscheiden

ABC-Gitterrätsel 28
- Kreuzworträtsel lösen
- sinnerfassendes Lesen

Klecksmonster 34
- Wörter aus dem Sinnzusammenhang vervollständigen

Wörterspaß 52
- sinnerfassendes Lesen
- vergleichendes Lesen
- Lücken sinnvoll füllen

Gedichte und Reime

Reimwörter 6
- Bildern passende Reimwörter zuordnen

Welches Tier ist es? 14
- sinnerfassendes Lesen
- Silben zu sinnvollen Wörtern zusammensetzen

Familie Nashorn verreist 30
- Fragen beantworten
- Informationen sinnvoll zuordnen können
- Intention eines Gedichtes erkennen
- passende Reimwörter ergänzen

Was ist das? 50
- gezielt Informationen entnehmen
- Reimwörter erkennen
- Beschreibungen Oberbegriffe zuordnen

Mit mir übst du das Lesen.
Achte bitte auf die **Tipps**,
die ich auf den einzelnen Seiten gebe.
Sie helfen dir, Aufgaben besser zu lösen
oder geben zusätzliche Informationen.
Manchmal gibt es auch einfach nur
etwas zu lachen.

Nun zu meiner Person:

Ich wurde vor einigen Jahren an einem schönen Teich geboren.
Zusammen mit meinen 25 Geschwistern wuchs ich im Auwald auf.
Zu meinen Hobbys gehörten Teichrosenweitsprung, Wettquaken
und faul auf einem Seerosenblatt liegen.

Eines Tages kam eine Familie mit ihrem Auto an den Teich.
Sie machten dort ein Picknick.
Neugierig wie ich war, hüpfte ich in das Auto.
Am Abend, als die Menschen heimfuhren, war ich mit an Bord.
Nun lebe ich in meinem neuen Zuhause.
Am liebsten sitze ich am Schreibtisch der Frau aus dem Auto.
Ich darf ihr beim Erfinden eurer Leseübungen mithelfen.
Aber oft faulenze ich auch am Gartenteich.

1 Kreuze nur wahre Aussagen an.

- ☐ Ich heiße Herr Grau.
- ☐ Ich lebte an einem Teich.
- ☐ Der Teich stand im Auwald.
- ☐ Mein Name ist Herr Grün.
- ☐ Ich gebe Tipps zu den Leseübungen.
- ☐ Ich habe 15 Geschwister.
- ☐ Am liebsten machte ich Seerosenweithüpfen.
- ☐ Eines Tages kam eine Familie an meinen Teich.
- ☐ Kinder verpackten mich in ein Marmeladenglas.
- ☐ An meinem Teich gab es Teichrosen.
- ☐ Eines meiner Hobbys war Wettquaken.
- ☐ Die Familie besaß ein Auto.
- ☐ Ich helfe beim Erfinden von Leseübungen.
- ☐ Am Gartenteich faulenze ich nie.

① **Verbinde jedes Bild mit dem passenden Reimwort.**

Topf	Haus	Liege	Rose	Flasche	Stock

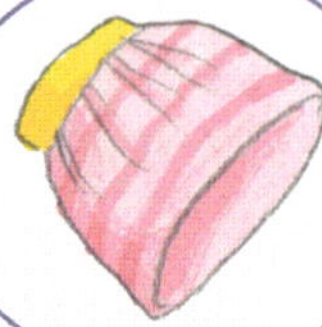

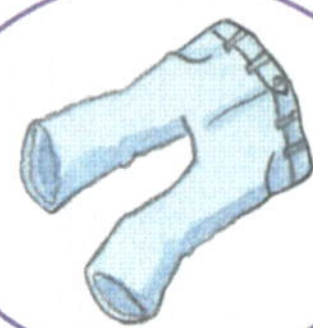
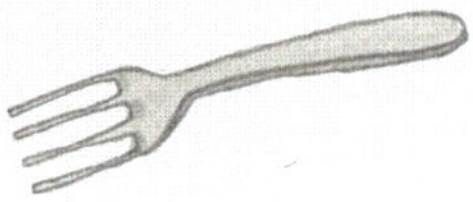

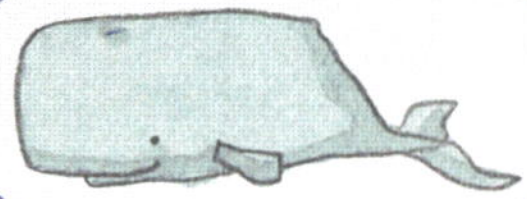
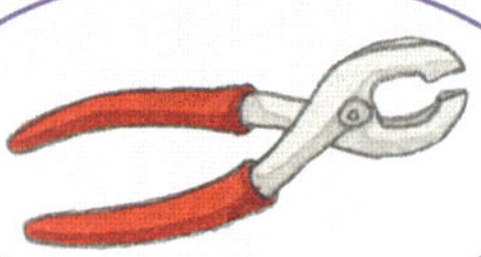

Berg	Wange	Schnabel	Tal	Tisch	Mund

Schultaschen-Checkliste

Einmal in der Woche kontrolliert (checkt) Moritz seine Schultasche. Er leert zuerst seine Schultasche aus und überprüft dann, ob alles in Ordnung ist.

Sprich „Tscheckliste".

- ☐ gespitzte Bleistifte
- ☐ Radiergummi
- ☐ Füller mit Patrone
- ☐ Ersatzpatronen
- ☐ Schulbücher
- ☐ gespitzte Buntstifte in den wichtigsten Farben
- ☐ Lineal
- ☐ Schere
- ☐ Spitzer
- ☐ Hausaufgabenheft
- ☐ Taschentücher
- ☐ Hefte haben noch genügend freie Seiten

1 Vergleiche diese Gegenstände mit der Liste. Hake die Gegenstände auf der Liste ab, wenn sie in Ordnung sind.

2 Welche Dinge gehören nicht in die Schultasche? Streiche sie durch.

Das sind Titel von Gemälden:

1. Im Sonnenblumenfeld
2. Rote Rosen am Fenster
3. Eselmutter mit Fohlen
4. Mann mit Sonnenbrille
5. Wilde Pferde im Sonnenuntergang
6. Sonnenuntergang in den Bergen
7. Die einsame Rose
8. Unterwegs mit der Pferdekutsche
9. Wehendes Haar im Sonnenuntergang
10. Kutschfahrt mit einem Esel
11. Zwei kleine Eselchen
12. Sonnenuntergang über dem Meer

1 Welcher Titel gehört zu welchem Gemälde? Schreibe die Nummer des Titels in das Kästchen unter das passende Bild.

Arbeite mit Bleistift, dann kannst du Fehler verbessern.

1 In jeder Schlange verstecken sich Wörter. Kreise sie ein.

2 Notiere den übrig gebliebenen Buchstaben am Ende jeder Zeile. So erhältst du ein Lösungswort.

GUMMIGKREISBLUSEPFLAUMEKRONE ____

STORCHZWIEBELUTREPPEGLASKNOPF ____

TBRILLESCHIFFIGELKOPFRABEHALS ____

KNIESPIEGELNACHTZWISCHENGESSEN ____

KAUENFLASCHEKNOCHENESCHWACHTOR ____

STRICKENWESTEVORWÄRTSMENGOFT ____

MARMELADEKLASSELANGASCHAFADER ____

ROLLSTUHLCKÜRBISTRAKTORVULKANICH ____

SOFAROSINEKRANKENWAGENHTOMATE ____

BUTTERPOLIZEIFÜHLENTBANANETOPFPIZZA ____

1 Ordne die Nummern den passenden Aussagen zu.

Ferien 1 | Geburtstag 2 | Ostern 3 | Sportfest 4 | Fasching 5 | Weihnachten 6

Am Sonntag bin ich schon ganz früh aufgestanden und in den Garten gelaufen. Unter einem Strauch fand ich ein Nest voller bunter Eier.

___

In der Klasse durften wir uns verkleiden. Mein Freund und ich hatten ganz ähnliche Hüte auf. Wir sangen lustige Lieder und warfen Luftschlangen.

___

Gestern habe ich ein neues Fahrrad bekommen. Nachmittags durfte ich dann meine besten Freunde einladen. Meine Mutter backte meinen Lieblingskuchen.

___

Jeden Tag kann ich ausschlafen und muss keine Hausaufgaben machen. Meistens fahren wir für zwei Wochen zur Oma.

___

Am schönsten finde ich es, wenn am Baum die Lichter brennen und draußen alles verschneit ist.

___

Beim Laufen bin ich Klassenbester. Ich habe schon zwei Ehrenurkunden erhalten.

___

Sommerfest in der Aubachschule

Samstag, 11. Juli
10.00 – 14.00 Uhr

Für alle Kinder, Lehrer, Eltern und Verwandte

ein Riesenspaß!

- Dosenwerfen
- Schminkstand
- Hüpfburg
- Stelzenlauf
- Einrad fahren
- Wetthäkeln
- Malwand
- Kletterwand
- Tauziehen
- Kuchenstand
- Getränkestand
- Grillstand

Der Eintritt kostet für Kinder 3 €.
Erwachsene bezahlen das Doppelte.

1. **Wie viele Stunden dauert das Sommerfest?** ______________

2. **Was wird an den einzelnen Ständen angeboten? Verbinde.**

ziehen	fahren	häkeln	schminken

klettern	werfen	hüpfen	malen

3. **Welcher Wettbewerb wird bei Aufgabe 2 nicht genannt?**

____

4. **Was kostet der Eintritt für Erwachsene?** ______________

5. **Wie heißen die Stände, die für das leibliche Wohl sorgen?**

____

____

____

Das leibliche Wohl bedeutet, für Essen und Trinken zu sorgen.

Welches Tier ist es?

Es ist ein wirklich tolles Tier.
Beine hat es – zwei, wie wir.

Im Zoo hüpft es oft hin und her.
Das Klettern fällt ihm gar nicht schwer.

Das wilde Tier, das kommt von fern.
Bananen hat's zum Fressen gern.

Von welchem Wesen sprech ich nur?
Schau auf die Silben an der Schnur.

Da findest du drei von der Sorte;
so mache daraus ganze Worte.

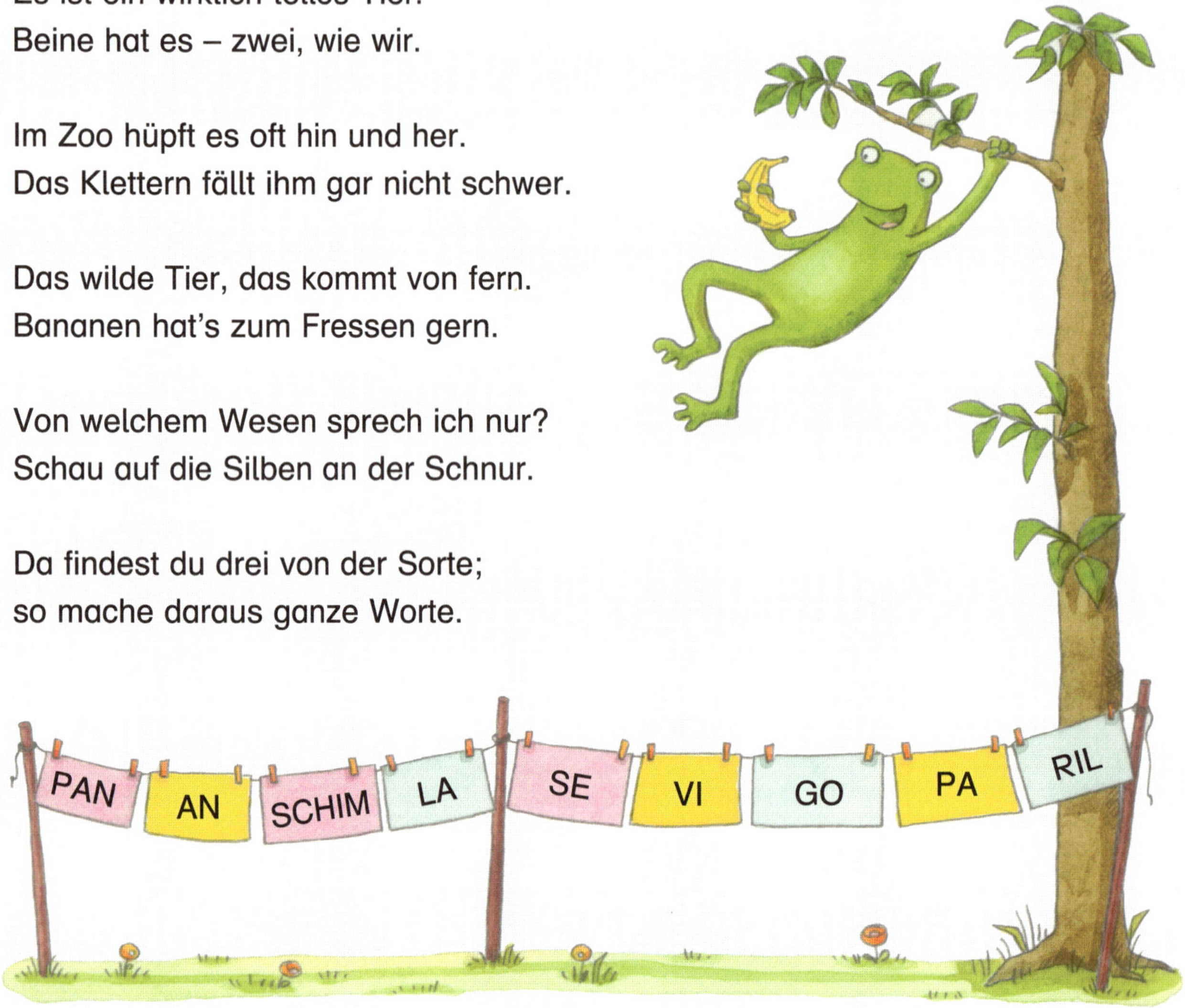

(1) **Das gesuchte Tier ist ein** ______________________.

(2) **Die drei Arten des Tieres heißen:**

____________________ ____________________ ____________________

Liebe Oma,

gestern Nachmittag hat unsere ______________________ Minka fünf Junge zur Welt gebracht! Da wir in der ______________________ gerade über Haustiere sprechen, lernen wir eine Menge über diese Tiere.

Weißt du, dass die neugeborenen Kätzchen blind und taub zur ______________________ kommen? Etwa am zehnten Tag öffnen sie ihre ______________________ und beginnen zu hören.

Sie sind nur etwa 10 bis 15 cm ______________________. Sofort nach der Geburt suchen sie bei ihrer Mutter nach den Zitzen und ______________________ sich satt. Minka leckt nach jeder Mahlzeit die kleinen Bäuche ihrer Kinder. Dadurch wird die Verdauung angeregt.

Anschließend ______________________ sich alle eng aneinander und schlafen. Unsere Lehrerin sagt, dass man sie dabei nicht stören darf. Katzen sind Säugetiere und die wachsen nämlich im Schlaf.

In etwa vier ______________________ werden unsere Kätzchen schon im Haus herumtollen! Darauf freue ich mich schon.

Ich werde dir weiter über unsere kleine Katzenfamilie berichten.

Ganz liebe Grüße von deiner Julia

1 Schreibe die passenden Wörter in die Lücken.

kuscheln | groß | Welt | Katze | Augen | trinken | Schule | Wochen

Waldheim, den 17. 7. 2012

Verschwunden!

Wer hat unser Kaninchen Mucki gefunden?

Mucki ist seit gestern aus seinem Freigehege
in der Gartenstraße 5 verschwunden.
Er hat ein braunes, ganz weiches Fell.
Sein Bauch ist weiß. Auf der Stirn ist ein runder,
schwarzer Fleck.
Beide Ohren sind an den Spitzen weiß.
Die rechte Hinterpfote ist schwarz.
Mucki ist noch sehr klein. Er ist erst fünf Monate alt.

Wer ihn findet, meldet sich bitte bei:

Lukas Bronner
Tel: 0 80 55 / 23 40

Für den Finder gibt es eine Belohnung!

1. **Welches Tier wird vermisst?**

☐ ein Meerschweinchen ☐ ein Hase ☐ ein Kaninchen

2. **Seit wann ist Mucki verschwunden?**

☐ seit heute ☐ seit morgen ☐ seit gestern ☐ seit vorgestern

3. **In welcher Jahreszeit ist Mucki verschwunden?**  ________________

4. **Wo wohnt Mucki?**

Straße: ________________________________

Ort: ________________________________

5. **Wie alt ist Mucki?**

☐ drei Monate ☐ vier Monate ☐ fünf Monate

6. **Welchen Nachnamen hat Muckis Besitzer?** ________________

7. **Was hat welche Farbe? Verbinde.**

Fell	weiß
Bauch	braun
Stirnfleck	grau
Ohrenspitzen	schwarz
Hinterpfote	

Ein alter Esel, der seinem Herrn viele Jahre treu gedient hatte und zu nichts mehr nütze war, machte sich auf den gWe nach Bremen. „Dort werde ich Stadtmusikant", dachte er bei sich.

Nach einer Weile begegneten ihm ein alter nudH, eine alte Katze und ein alter Hahn. „Lasst uns zusammen nach Bremen andewrn und dort Stadtmusikanten werden!", schlug der elsE vor. Und da allen der Vorschlag gefiel, marschierten die Tiere los.

Abends erreichten sie einen ladW. Müde flog der Hahn auf die Spitze eines hohen Baumes, als er einen eiSchn bemerkte. Er rief: „Nicht weit von hier brennt ein Licht!" Da sprach der Hund: „Ja, etwas eischFl und ein Knochen kämen mir gerade recht."

Und so folgten sie dem Lichtschein, bis sie vor einem llhe erleuchteten Räuberhaus standen. Der Esel schaute durch das enFster hinein. „Ich sehe einen sTich voll mit köstlichen Speisen. Räuber lassen es sich schmecken!" Da sprang der nuHd auf des Esels Rücken. Die atzKe kletterte auf den Hund und der Hahn flog auf ihren Kopf. Gemeinsam machten sie lautstark Misuk: Der Esel schrie, der Hund bellte, die Katze miaute und der Hahn krähte aus Leibeskräften.

Zusammen stürzten sich die vier Tiere in die Stube. Die Räuber flohen eilig. Die Tiere aber blieben im aHus bis an ihr Lebensende.

(nach den Brüdern Grimm)

① **Schreibe die Wörter mit den verdrehten Buchstaben richtig auf.**

Ein alter Esel, der seinem Herrn viele Jahre treu gedient hatte

und zu nichts mehr nütze war, machte sich auf den ______________

nach Bremen. „Dort werde ich Stadtmusikant“, dachte er bei sich.

Nach einer Weile begegneten ihm ein alter ______________, eine alte Katze

und ein alter Hahn. „Lasst uns zusammen nach Bremen ______________

und dort Stadtmusikanten werden!“, schlug der ______________ vor.

Und da allen der Vorschlag gefiel, marschierten die Tiere los.

Abends erreichten sie einen ______________. Müde flog der Hahn

auf die Spitze eines hohen Baumes, als er einen ______________ bemerkte.

Er rief: „Nicht weit von hier brennt ein Licht!“ Da sprach der Hund: „Ja, etwas

______________ und ein Knochen kämen mir gerade recht.“ Und so folgten

sie dem Lichtschein, bis sie vor einem ________ erleuchteten Räuberhaus

standen. Der Esel schaute durch das ______________ hinein.

„Ich sehe einen ______________ voll mit köstlichen Speisen.

Räuber lassen es sich schmecken!“ Da sprang der ______________ auf

des Esels Rücken. Die ______________ kletterte auf den Hund

und der Hahn flog auf ihren Kopf. Gemeinsam machten sie lautstark

______________: Der Esel schrie, der Hund bellte, die Katze miaute und der

Hahn krähte aus Leibeskräften.

Zusammen stürzten sich die vier Tiere in die Stube. Die Räuber flohen eilig.

Die Tiere aber blieben im ______________ bis an ihr Lebensende.

Die eigentliche Heimat des Apfels ist China. Dort entdeckte man viele verschiedene Wildarten. Unsere heutigen Sorten stammen von ihnen ab.

Es ist kaum vorstellbar, dass aus so einem kleinen Apfelkern ein riesiger Baum heranwächst. Zwischen sechs und neun Metern kann ein Apfelbaum hoch werden. Jedes Jahr bildet er neues Laub und trägt saftige Früchte.
Fast niemand weiß, dass er zur Familie der Rosengewächse gehört.

Schau dir doch einmal im Mai die Blüten eines Apfelbaumes etwas genauer an. Die kleinen weiß-rosafarbigen Blüten sehen aus wie Miniröschen. Aber erst wenn diese winzigen Blüten von Bienen befruchtet werden, entstehen Äpfel.

Mit dem Stiel hält sich das heranwachsende Äpfelchen am Ast fest. Wenn die Frucht reif ist, lässt sie sich ganz leicht abnehmen. Die Erntezeit ist abhängig von der Sorte. Manche Äpfel sind schon im August ausgereift. Die meisten werden aber im September und Oktober geerntet.

Äpfel sind sehr gesund. Sie enthalten viele Vitamine und Mineralstoffe. Unreife, saure Früchte solltest du nicht essen. Du kannst leicht Magenschmerzen davon bekommen.

① **Ein Apfelbaum wächst aus einem**

☐ Apfelkarn ☐ Apfelkorn ☐ Apfelkurn ☐ Apfelkern

② **Ein Apfelbaum gehört zu den**

☐ Zwiebelgewächsen ☐ Rosengewächsen ☐ Rasengewächsen

③ **Der Ast hält den Apfel**

☐ am Stiel ☐ am Gehäuse ☐ am Kern ☐ am Stamm

④ **Ein Apfel entsteht aus**

☐ einer Blume ☐ einer Blüte ☐ einem Ast ☐ einem Blatt

⑤ **Apfelblüten werden befruchtet von**

☐ Maden ☐ Vögeln ☐ Bienen ☐ Bauern

⑥ **Die meisten Äpfel werden geerntet in den Monaten**

☐ Mai bis Juni ☐ Oktober bis November

☐ September bis Oktober ☐ Januar bis Februar

7 Unterstreiche alle Monatsnamen im Text.

Wie viele sind es? ______

Neulich trafen sich die jungen Hexen aus Donnerskirchen zu einer Party. Kaum war die Dämmerung hereingebrochen, flogen sie eine nach der anderen herbei. Sie feierten am Bocksberg wie jedes Jahr die Sommersonnwendnacht.

Jede brachte etwas zu essen mit. Auf dem Buffet fanden sich solche Herrlichkeiten wie zum Beispiel glibberiger Krötenschleim, den Kalamaris mitgebracht hatte.
Madrigala hatte Warzenkuchen gebacken. Hunki kam mit einem ganzen Beutel voll langer, gerader und knuspriger Spinnenbeine mit Salzstreuseln an.
Lodovina landete mit elegantem Schwung, stieg von ihrem Besen und lud noch aufgefädelte, dicke Regenwürmer neben dem Grill ab.

Dann wurde das große Feuer angezündet. Alle ließen sich die Köstlichkeiten schmecken. Es wurde gesungen, getanzt und gelacht. Um Mitternacht entschwebten die Hexen und wie von Zauberhand waren plötzlich keine Reste mehr von der Party zu sehen.

1 Kreise alle Hexennamen im Text ein.

2 Was feierten die Hexen? Kreuze an.

☐ Wintersonnwend ☐ Sommersonnwend ☐ Donnersfest

3 Wo feierten die Hexen? Kreuze an.

☐ Bocksburg ☐ Bockberg ☐ Bocksberg ☐ Bucksberg

4 Um welche Speisen handelt es sich wohl? Unterstreiche im Text mit der richtigen Farbe.

Salzstangen Götterspeise Streuselkuchen Würstchenspieße

1 Unterstreiche beim unteren Witz die 10 Unterschiede.

Ein Mann geht in eine Tierhandlung. Er möchte einen Eisbären kaufen.
Der Verkäufer hat tatsächlich einen da. Beim Kassieren sagt er:
„Das Tier ist sehr zutraulich und gar nicht wild. Sie dürfen es aber **NIE** hinter den Ohren kraulen!"
Daheim angekommen läuft alles ganz prima, bis der Mann eines Tages sagt:
„Ich halte es nicht mehr aus, ich muss meinen Eisbären einfach einmal hinter den Ohren kraulen."
Er tut es und der Eisbär springt brüllend auf ihn los.
Der Mann läuft in Panik weg: den Flur entlang, die Treppe hinauf, die Treppe wieder herunter, um den Esstisch, um den Küchentresen, der Eisbär immer knapp dahinter. Am Ende ist der Mann total erschöpft.
Der Eisbär holt ihn ein, schlägt ihm mit seiner Pranke auf die Schulter und sagt: „Du bist jetzt Fänger!"

Ein Mann geht in die Tierhandlung. Er möchte sich einen Eisbären kaufen.
Der Verkäufer hat tatsächlich einen da. Beim Kassieren sagt er:
„Das Tier ist ziemlich zutraulich und überhaupt nicht wild. Sie dürfen es aber **NIE** hinter den Ohren streicheln!"
Daheim angekommen läuft alles ganz toll, bis der Mann eines Tages sagt:
„Ich halte es nicht mehr aus, ich muss den Eisbären einfach einmal hinter den Ohren kraulen."
Er tut es und der Eisbär springt brüllend auf ihn los.
Der Mann läuft in Panik weg: den Gang entlang, die Treppe hinauf, die Treppe wieder runter, um den Esstisch, um den Küchentresen, der Eisbär immer knapp dahinter. Am Schluss ist der Mann total erschöpft.
Der Eisbär holt ihn ein, schlägt ihm mit seiner Pranke auf die Schulter und sagt: „Du bist jetzt Fänger!"

1 Schreibe zu jeder Sprechblase die Nummer des passenden Geschenks.

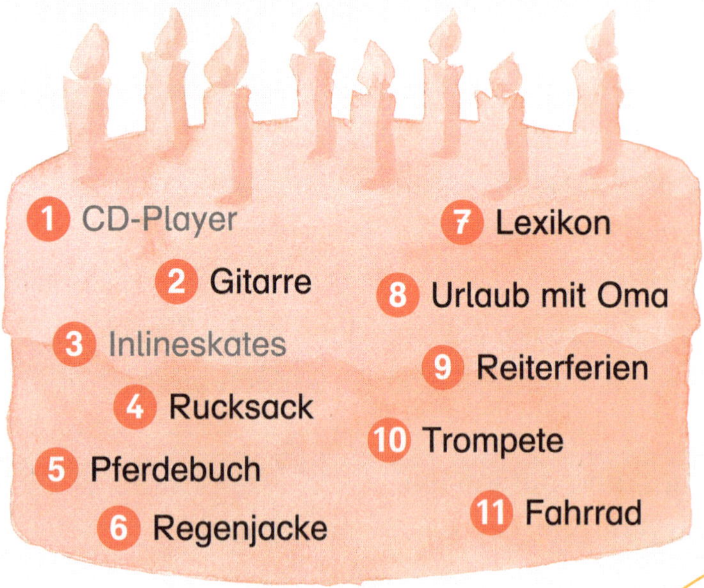

1 CD-Player
2 Gitarre
3 Inlineskates
4 Rucksack
5 Pferdebuch
6 Regenjacke
7 Lexikon
8 Urlaub mit Oma
9 Reiterferien
10 Trompete
11 Fahrrad

Endlich darf ich ein Instrument lernen! Und dazu singen kann ich auch gleichzeitig. ____

Ich wollte schon immer ein so tolles Instrument lernen. Wenn ich gut bin, darf ich vielleicht im Blasorchester der Schule mitspielen. ____

Eine Woche ohne Familie auf einem Hof! Und den ganzen Tag mit Pferden zusammen! Prima! ____

Jetzt kann ich in meinem Zimmer meine Musik hören und muss nicht die Anlage im Wohnzimmer teilen. ____

Endlich muss ich nicht mehr mit der alten, geerbten Tretmühle von meinem Bruder rumfahren. Mein neuer Flitzer ist knallrot. ____

Endlich kann ich etwas nachschlagen, wenn ich es nicht weiß. ____

1 Tierische Sätze

Kreuze nur die sinnvollen Aussagen an.

- ☐ Hannas Hamster heißt Bommel.
- ☐ Ich zahle mit einer Eule.
- ☐ Eine Schlange kann giftig sein.
- ☐ Der Affe sitzt im Kühlschrank.
- ☐ Sinne haben acht Beine.
- ☐ Auch im Regenwald gibt es Frösche.
- ☐ Koalabären jagen Handtaschen.
- ☐ Die Katze schnurrt leise.
- ☐ Lass den Schmetterling nicht an!
- ☐ Die Maus knattert den Käse an.
- ☐ Eidechsen haben lange Schwänze.
- ☐ Ein Pferd grast auf der Weide.
- ☐ Der bunte Vogel hüpft auf seinen Bienen.
- ☐ Ein Skorpion zeigt seinen Giftstachel.
- ☐ Hast du Hunde?
- ☐ Die Amsel zeigt grün.
- ☐ Mein Opel hat ein Kaninchen.
- ☐ Der Spatz frisst das Krokodil.
- ☐ Kaulquappen leben im Wasser.
- ☐ Der Schlaf hat wolliges Fell.

In Leos Klasse wurde eine Einladung für einen Schnuppernachmittag bei den Pfadfindern ausgeteilt.
Lies dir den Brief genau durch und zeichne Leos Weg zum Treffpunkt in den Plan auf der nächsten Seite ein.

Liebe Kinder!

Wenn ihr mit dem Rücken zur Schule steht,
wendet euch erst einmal nach rechts.
Geht die Schulstraße entlang bis zur nächsten Kreuzung.
Dort biegt ihr links in den Ahornweg ein.
Nach der Post müsst ihr links abbiegen.
An der übernächsten Kreuzung geht es rechts weiter.
Sobald sich der Weg gabelt, nehmt den rechten Pfad.
Ihr müsst ein kurzes Stück durch den Wald gehen.
Dann findet ihr auf der Lichtung unseren Lagerplatz.
Viel Spaß und Erfolg bei eurem ersten „Pfadfinder-Weg“!

Die Leiter der Jugendgruppe Wölfe

SCHULE
Schulstraße
Ahornweg
POST
SUPERMARKT

1. Welcher Apfel hat keinen Stiel?
2. Welches Blatt wächst nicht am Baum?
3. Welcher Schuh passt nicht an den Fuß?
4. Welches Kleid hat keine Knöpfe?
5. Welche Feige kann man nicht essen?
6. Welches Bein kann nicht laufen?
7. Welcher König hat kein Reich?
8. Welches Schloss ist nicht bewohnbar?
9. Welche Decke wärmt nicht?
10. Welche Tasche hat keinen Griff?
11. Welcher Hahn kräht nicht?
12. Welche Gasse führt nicht weiter?
13. Welcher Hut passt auf keinen Kopf?
14. Welches Schwein kann nicht laufen?
15. Welcher Ring passt nicht an den Finger?
16. Welches Pferd wird nie groß?

Streiche die Lösungswörter durch, die du schon verwendest hast.

1 Setze die Lösungswörter in das ABC-Gitterrätsel richtig ein.

STUHLBEIN ARBEITSBLATT TÜRSCHLOSS ZIMMERDECKE

OHRFEIGE HANDSCHUH WASSERHAHN BOXRING

AUGAPFEL SPARSCHWEIN PONY ZAUNKÖNIG

FINGERHUT SACKGASSE FEDERKLEID QUARKTASCHE

				1				A										
2								B										
		3						C										
				4				E										
	5							G										
6								I										
			7					K										
	8							L										
					9			M										
							10	Q										
		11						R										
							12	S										
13								U										
14								W										
					15			X										
				16				Y										

2 Welche Buchstaben aus dem ABC fehlen in den blauen Kästchen?

___ ___ ___ ___ ___ ___ ___ ___ ___ ___

1

Am ersten Ferientage
gleich morgens früh um acht,
da hat Familie Nashorn
sich auf den Weg gemacht.

2

Im fernen Reiselande,
das sie noch nie gesehn,
wolln sie zum ersten Male
am Meer spazieren gehn.

3

Ins kleine grüne Auto,
da passten alle rein.
Drei Kinder auf dem Rücksitz
und auch der Hund – ganz klein.

4

Sie fuhren durch die Berge
vorbei an Wald und See
und oben auf dem Gipfel,
da lag sogar noch Schnee.

5

Und endlich dann am Abend,
die Lider wurden schwer,
sie bogen um die Ecke
und sahen es – das Meer!

6

Hellwach und voller Freude,
sie sperrten auf den Mund,
bestaunten große Wellen,
es wedelte der Hund.

7

Sie hüpften aus dem Auto
und liefen durch den Sand.
Nun sind sie angekommen
im Urlaubsferienland.

1 **Zu welcher Tageszeit fuhr Familie Nashorn in den Urlaub?**

☐ morgens ☐ vormittags ☐ nachmittags ☐ abends

2 **Worum geht es in diesem Gedicht?**

Es geht darum, dass …

☐ … Menschen in Urlaub fahren.

☐ … Autofahren müde macht.

☐ … eine Familie zum ersten Mal das Meer sieht.

☐ … der Hund durch den Sand laufen durfte.

3 **Woran merkst du in der 6. Strophe, dass sich der Hund sehr freute?**

____

4 **Zu welcher Strophe passen diese Wörter?**

Gebirge Strophe ____ Müdigkeit Strophe ____

Freude Strophe ____ Abfahrt Strophe ____

5 **Wie viele Nashörner sitzen im Auto?** ____ Nashörner

6 **In jeder Strophe gibt es ein Reimpaar. Vervollständige.**

Meer	Schnee	gemacht	Mund

Urlaubsferienland	gesehn	klein

Wer hat den Dieb gesehen?

1 Marco langweilte sich. Seine Mutter suchte nach einer Kette in dem kleinen Schmuckgeschäft. Eine Menge Leute befanden sich im Laden. Der Junge beobachtete sie.

2 Er sah einer jungen Frau mit Brille und langem, blonden, gelockten Haar zu, die sich eine Silberkette umhängte. Daneben stand ein Mädchen mit roten, glatten, langen Haaren und einer Zahnspange, das sich einen silbernen Ring an den Finger steckte. Er bemerkte auch, wie ein junger Mann mit Brille und lockigem, kurzen, dunklen Haar sich eine Goldkette nahm. Außerdem fiel ihm auf, dass ein altes Ehepaar lange Zeit eine Kette aus roten Edelsteinen genau betrachtete. Die alte Frau trug einen lila Hut, unter dem ihre lockigen, grauen, kurzen Haare hervorschauten. Der alte Mann hatte eine Brille auf der Nase und eine Glatze.

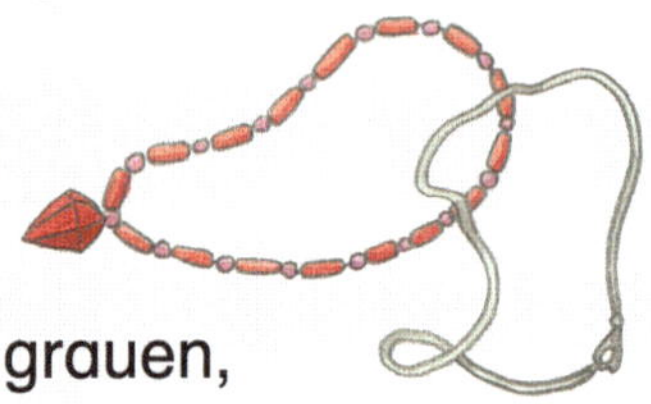

3 Im Auge behielt Marco schließlich einen Jungen mit Brille, kurzen, dunklen Haaren und Kappe. Er nahm einen goldenen Ring aus dem Regal. Dann entdeckte er seinen Freund Timo im Geschäft und ging zu ihm. Er achtete nicht weiter darauf, was im Laden passierte. Leute gingen ein und aus. Mutter hatte inzwischen eine hübsche Kette gefunden. Eben wollte sie bezahlen, als der Ladenbesitzer rief: „Jemand hat die wertvolle Goldkette gestohlen. Wer war das?“ Zum Glück hatte Marco gut aufgepasst und konnte dem Ladenbesitzer mitteilen, wie die Person aussah, welche die wertvolle goldene Kette mitgenommen hatte.

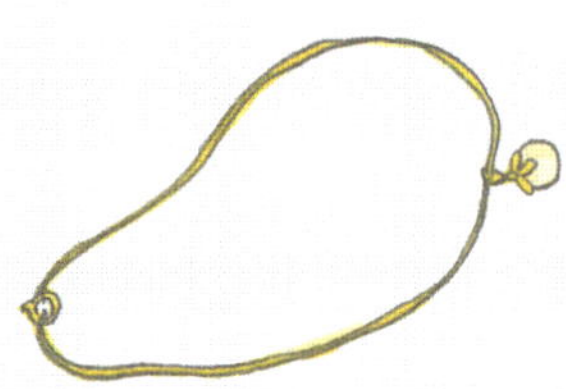

Lösungen Deutsch-Stars Lesetraining 2

(zum Heraustrennen die mittlere Klammer lösen)

Mit mir übst du das Lesen.
Achte bitte auf die **Tipps**,
die ich auf den einzelnen Seiten gebe.
Sie helfen dir, Aufgaben besser zu lösen
oder geben zusätzliche Informationen.
Manchmal gibt es auch einfach nur
etwas zu lachen.

Nun zu meiner Person:

Ich wurde vor einigen Jahren an einem schönen Teich geboren.
Zusammen mit meinen 25 Geschwistern wuchs ich im Auwald auf.
Zu meinen Hobbys gehörten Teichrosenweitsprung, Wettquaken
und faul auf einem Seerosenblatt liegen.

Eines Tages kam eine Familie mit ihrem Auto an den Teich.
Sie machten dort ein Picknick.
Neugierig wie ich war, hüpfte ich in das Auto.
Am Abend, als die Menschen heimfuhren, war ich mit an Bord.
Nun lebe ich in meinem neuen Zuhause.
Am liebsten sitze ich am Schreibtisch der Frau aus dem Auto.
Ich darf ihr beim Erfinden eurer Leseübungen mithelfen.
Aber oft faulenze ich auch am Gartenteich.

① **Kreuze nur wahre Aussagen an.**

- ☐ Ich heiße Herr Grau.
- ☒ Ich lebte an einem Teich.
- ☒ Der Teich stand im Auwald.
- ☒ Mein Name ist Herr Grün.
- ☒ Ich gebe Tipps zu den Leseübungen.
- ☐ Ich habe 15 Geschwister.
- ☐ Am liebsten machte ich Seerosenweithüpfen.
- ☒ Eines Tages kam eine Familie an meinen Teich.
- ☐ Kinder verpackten mich in ein Marmeladenglas.
- ☒ An meinem Teich gab es Teichrosen.
- ☒ Eines meiner Hobbys war Wettquaken.
- ☒ Die Familie besaß ein Auto.
- ☒ Ich helfe beim Erfinden von Leseübungen.
- ☐ Am Gartenteich faulenze ich nie.

① **Verbinde jedes Bild mit dem passenden Reimwort.**

Topf | Haus | Liege | Rose | Flasche | Stock

Berg | Wange | Schnabel | Tal | Tisch | Mund

Einmal in der Woche kontrolliert (checkt) Moritz seine Schultasche. Er leert zuerst seine Schultasche aus und überprüft dann, ob alles in Ordnung ist.

Sprich „Tscheckliste".

☐ gespitzte Bleistifte	☐ Lineal
☒ Radiergummi	☒ Schere
☒ Füller mit Patrone	☒ Spitzer
☒ Ersatzpatronen	☒ Hausaufgabenheft
☒ Schulbücher	☒ Taschentücher
☒ gespitzte Buntstifte in den wichtigsten Farben	☒ Hefte haben noch genügend freie Seiten

① **Vergleiche diese Gegenstände mit der Liste. Hake die Gegenstände auf der Liste ab, wenn sie in Ordnung sind.**

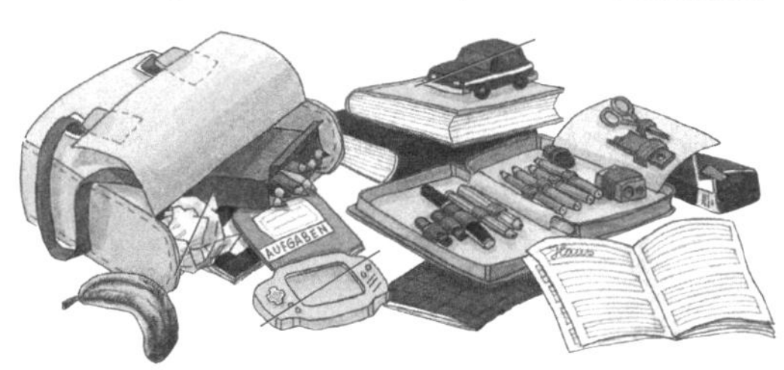

② **Welche Dinge gehören nicht in die Schultasche? Streiche sie durch.**

Wie heißen diese Gemälde?

Das sind Titel von Gemälden:

1. Im Sonnenblumenfeld
2. Rote Rosen am Fenster
3. Eselmutter mit Fohlen
4. Mann mit Sonnenbrille
5. Wilde Pferde im Sonnenuntergang
6. Sonnenuntergang in den Bergen
7. Die einsame Rose
8. Unterwegs mit der Pferdekutsche
9. Wehendes Haar im Sonnenuntergang
10. Kutschfahrt mit einem Esel
11. Zwei kleine Eselchen
12. Sonnenuntergang über dem Meer

Lies genau! Viele Titel sind ähnlich. Achte auf die kleinen Unterschiede!

1 Welcher Titel gehört zu welchem Gemälde? Schreibe die Nummer des Titels in das Kästchen unter das passende Bild.

10

2

4

7

6

11

12

3

1

5

9

8

Wörterschlangen

Arbeite mit Bleistift, dann kannst du Fehler verbessern.

1 In jeder Schlange verstecken sich Wörter. Kreise sie ein.

2 Notiere den übrig gebliebenen Buchstaben am Ende jeder Zeile. So erhältst du ein Lösungswort.

GUMMIGKREISBLUSEPFLAUMEKRONE	G
STORCHZWIEBELUTREPPEGLASKNOPF	U
TBRILLESCHIFFIGELKOPFRABEHALS	T
KNIESPIEGELNACHTZWISCHENGESSEN	G
KAUENFLASCHEKNOCHENESCHWACHTOR	E
STRICKENWESTEVORWÄRTSMENGOFT	M
MARMELADEKLASSELANGASCHAFADER	A
ROLLSTUHLCKÜRBISTRAKTORVULKANICH	C
SOFAROSINEKRANKENWAGENHTOMATE	H
BUTTERPOLIZEIFÜHLENTBANANETOPFPIZZA	T

Wovon sprechen diese Kinder?

1 Ordne die Nummern den passenden Aussagen zu.

Ferien 1 — Geburtstag 2 — Ostern 3 — Sportfest 4 — Fasching 5 — Weihnachten 6

Am Sonntag bin ich schon ganz früh aufgestanden und in den Garten gelaufen. Unter einem Strauch fand ich ein Nest voller bunter Eier. 3

In der Klasse durften wir uns verkleiden. Mein Freund und ich hatten ganz ähnliche Hüte auf. Wir sangen lustige Lieder und warfen Luftschlangen. 5

Gestern habe ich ein neues Fahrrad bekommen. Nachmittags durfte ich dann meine besten Freunde einladen. Meine Mutter backte meinen Lieblingskuchen. 2

Am schönsten finde ich es, wenn am Baum die Lichter brennen und draußen alles verschneit ist. 6

Jeden Tag kann ich ausschlafen und muss keine Hausaufgaben machen. Meistens fahren wir für zwei Wochen zur Oma. 1

Beim Laufen bin ich Klassenbester. Ich habe schon zwei Ehrenurkunden erhalten. 4

Lösungen Deutsch-Stars Lesetraining 2

(zum Heraustrennen die mittlere Klammer lösen)

Herr Grün stellt sich vor

Mit mir übst du das Lesen.
Achte bitte auf die **Tipps**,
die ich auf den einzelnen Seiten gebe.
Sie helfen dir, Aufgaben besser zu lösen
oder geben zusätzliche Informationen.
Manchmal gibt es auch einfach nur
etwas zu lachen.

Nun zu meiner Person:

Ich wurde vor einigen Jahren an einem schönen Teich geboren.
Zusammen mit meinen 25 Geschwistern wuchs ich im Auwald auf.
Zu meinen Hobbys gehörten Teichrosenweitsprung, Wettquaken
und faul auf einem Seerosenblatt liegen.

Eines Tages kam eine Familie mit ihrem Auto an den Teich.
Sie machten dort ein Picknick.
Neugierig wie ich war, hüpfte ich in das Auto.
Am Abend, als die Menschen heimfuhren, war ich mit an Bord.
Nun lebe ich in meinem neuen Zuhause.
Am liebsten sitze ich am Schreibtisch der Frau aus dem Auto.
Ich darf ihr beim Erfinden eurer Leseübungen mithelfen.
Aber oft faulenze ich auch am Gartenteich.

① **Kreuze nur wahre Aussagen an.**

- ☐ Ich heiße Herr Grau.
- ☒ Ich lebte an einem Teich.
- ☒ Der Teich stand im Auwald.
- ☒ Mein Name ist Herr Grün.
- ☒ Ich gebe Tipps zu den Leseübungen.
- ☐ Ich habe 15 Geschwister.
- ☐ Am liebsten machte ich Seerosenweithüpfen.
- ☒ Eines Tages kam eine Familie an meinen Teich.
- ☐ Kinder verpackten mich in ein Marmeladenglas.
- ☒ An meinem Teich gab es Teichrosen.
- ☒ Eines meiner Hobbys war Wettquaken.
- ☒ Die Familie besaß ein Auto.
- ☒ Ich helfe beim Erfinden von Leseübungen.
- ☐ Am Gartenteich faulenze ich nie.

Reimwörter

① **Verbinde jedes Bild mit dem passenden Reimwort.**

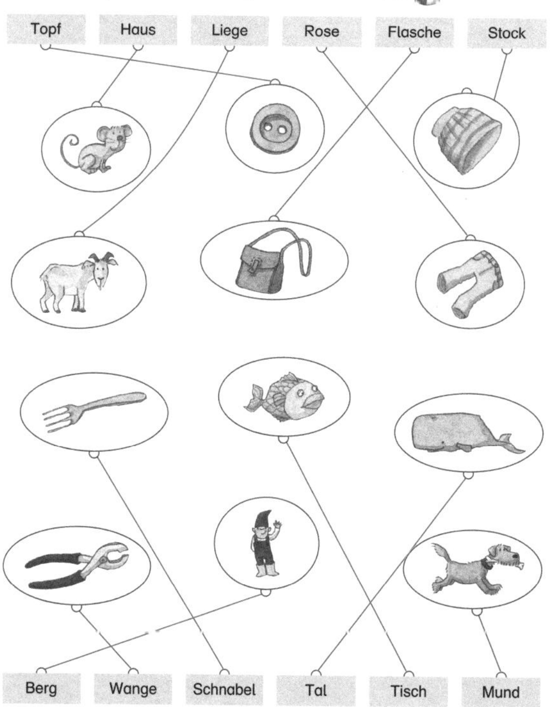

Schultaschen-Checkliste

Einmal in der Woche kontrolliert (checkt) Moritz seine Schultasche. Er leert zuerst seine Schultasche aus und überprüft dann, ob alles in Ordnung ist.

☐ gespitzte Bleistifte	☐ Lineal
☒ Radiergummi	☒ Schere
☒ Füller mit Patrone	☒ Spitzer
☒ Ersatzpatronen	☒ Hausaufgabenheft
☒ Schulbücher	☒ Taschentücher
☒ gespitzte Buntstifte in den wichtigsten Farben	☒ Hefte haben noch genügend freie Seiten

① **Vergleiche diese Gegenstände mit der Liste.**
Hake die Gegenstände auf der Liste ab, wenn sie in Ordnung sind.

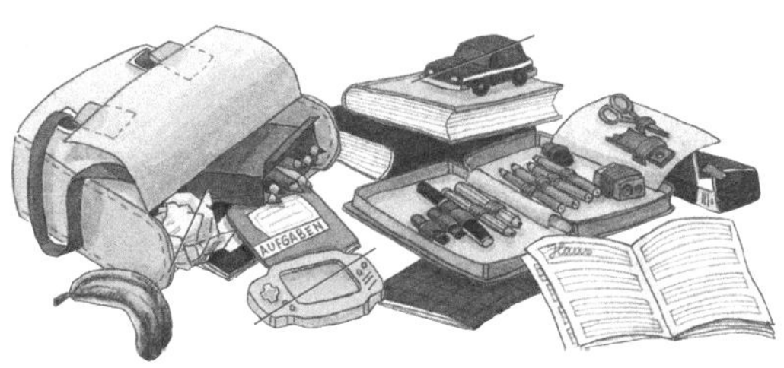

② **Welche Dinge gehören nicht in die Schultasche?**
Streiche sie durch.

Wie heißen diese Gemälde?

Das sind Titel von Gemälden:

1. Im Sonnenblumenfeld
2. Rote Rosen am Fenster
3. Eselmutter mit Fohlen
4. Mann mit Sonnenbrille
5. Wilde Pferde im Sonnenuntergang
6. Sonnenuntergang in den Bergen
7. Die einsame Rose
8. Unterwegs mit der Pferdekutsche
9. Wehendes Haar im Sonnenuntergang
10. Kutschfahrt mit einem Esel
11. Zwei kleine Eselchen
12. Sonnenuntergang über dem Meer

Lies genau! Viele Titel sind ähnlich. Achte auf die kleinen Unterschiede!

(1) Welcher Titel gehört zu welchem Gemälde? Schreibe die Nummer des Titels in das Kästchen unter das passende Bild.

10

2

4

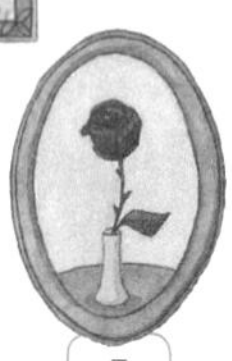
7

6

11

12

3

1

5

9

8

Wörterschlangen

Arbeite mit Bleistift, dann kannst du Fehler verbessern.

(1) In jeder Schlange verstecken sich Wörter. Kreise sie ein.

(2) Notiere den übrig gebliebenen Buchstaben am Ende jeder Zeile. So erhältst du ein Lösungswort.

GUMMIGKREISBLUSEPFLAUMEKRONE — G

STORCHZWIEBELUTREPPEGLASKNOPF — U

TBRILLESCHIFFIGELKOPFRABEHALS — T

KNIESPIEGELNACHTZWISCHENGESSEN — G

KAUENFLASCHEKNOCHENESCHWACHTOR — E

STRICKENWESTEVORWÄRTSMENGOFT — M

MARMELADEKLASSELANGASCHAFADER — A

ROLLSTUHLCKÜRBISTRAKTORVULKANICH — C

SOFAROSINEKRANKENWAGENHTOMATE — H

BUTTERPOLIZEIFÜHLENTBANANETOPFPIZZA — T

Wovon sprechen diese Kinder?

(1) Ordne die Nummern den passenden Aussagen zu.

Ferien (1) Geburtstag (2) Ostern (3) Sportfest (4) Fasching (5) Weihnachten (6)

Am Sonntag bin ich schon ganz früh aufgestanden und in den Garten gelaufen. Unter einem Strauch fand ich ein Nest voller bunter Eier. — 3

In der Klasse durften wir uns verkleiden. Mein Freund und ich hatten ganz ähnliche Hüte auf. Wir sangen lustige Lieder und warfen Luftschlangen. — 5

Gestern habe ich ein neues Fahrrad bekommen. Nachmittags durfte ich dann meine besten Freunde einladen. Meine Mutter backte meinen Lieblingskuchen. — 2

Am schönsten finde ich es, wenn am Baum die Lichter brennen und draußen alles verschneit ist. — 6

Jeden Tag kann ich ausschlafen und muss keine Hausaufgaben machen. Meistens fahren wir für zwei Wochen zur Oma. — 1

Beim Laufen bin ich Klassenbester. Ich habe schon zwei Ehrenurkunden erhalten. — 4

① **Wie viele Stunden dauert das Sommerfest?** 4 Stunden

② **Was wird an den einzelnen Ständen angeboten? Verbinde.**

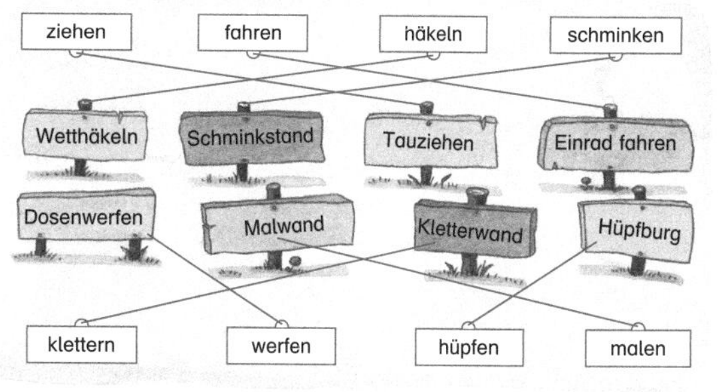

③ **Welcher Wettbewerb wird bei Aufgabe 2 nicht genannt?**

Stelzenlauf

④ **Was kostet der Eintritt für Erwachsene?** 6 €

Das leibliche Wohl bedeutet, für Essen und Trinken zu sorgen.

5 **Wie heißen die Stände, die für das leibliche Wohl sorgen?**

Grillstand

Kuchenstand

Getränkestand

Es ist ein wirklich tolles Tier.
Beine hat es – zwei, wie wir.

Im Zoo hüpft es oft hin und her.
Das Klettern fällt ihm gar nicht schwer.

Das wilde Tier, das kommt von fern.
Bananen hat's zum Fressen gern.

Von welchem Wesen sprech ich nur?
Schau auf die Silben an der Schnur.

Da findest du drei von der Sorte;
so mache daraus ganze Worte.

① **Das gesuchte Tier ist ein** Affe.

② **Die drei Arten des Tieres heißen:**

Schimpanse Pavian Gorilla

Liebe Oma,

gestern Nachmittag hat unsere Katze Minka fünf Junge zur Welt gebracht! Da wir in der Schule gerade über Haustiere sprechen, lernen wir eine Menge über diese Tiere. Weißt du, dass die neugeborenen Kätzchen blind und taub zur Welt kommen? Etwa am zehnten Tag öffnen sie ihre Augen und beginnen zu hören.

Sie sind nur etwa 10 bis 15 cm groß. Sofort nach der Geburt suchen sie bei ihrer Mutter nach den Zitzen und trinken sich satt. Minka leckt nach jeder Mahlzeit die kleinen Bäuche ihrer Kinder. Dadurch wird die Verdauung angeregt. Anschließend kuscheln sich alle eng aneinander und schlafen. Unsere Lehrerin sagt, dass man sie dabei nicht stören darf. Katzen sind Säugetiere und die wachsen nämlich im Schlaf. In etwa vier Wochen werden unsere Kätzchen schon im Haus herumtollen! Darauf freue ich mich schon. Ich werde dir weiter über unsere kleine Katzenfamilie berichten.

Ganz liebe Grüße von deiner Julia

① **Schreibe die passenden Wörter in die Lücken.**

kuscheln | groß | Welt | Katze | Augen | trinken | Schule | Wochen

Waldheim, den 17.7.2012

Verschwunden!

Wer hat unser Kaninchen Mucki gefunden?

Mucki ist seit gestern aus seinem Freigehege
in der Gartenstraße 5 verschwunden.
Er hat ein braunes, ganz weiches Fell.
Sein Bauch ist weiß. Auf der Stirn ist ein runder,
schwarzer Fleck.
Beide Ohren sind an den Spitzen weiß.
Die rechte Hinterpfote ist schwarz.
Mucki ist noch sehr klein. Er ist erst fünf Monate alt.

Wer ihn findet, meldet sich bitte bei:

Lukas Bronner
Tel: 08055/2340

Für den Finder gibt es eine Belohnung!

① **Welches Tier wird vermisst?**

☐ ein Meerschweinchen ☐ ein Hase ☒ ein Kaninchen

② **Seit wann ist Mucki verschwunden?**

☐ seit heute ☐ seit morgen ☒ seit gestern ☐ seit vorgestern

③ **In welcher Jahreszeit ist Mucki verschwunden?** Sommer

④ **Wo wohnt Mucki?**

Straße: Gartenstraße 5

Ort: Waldheim

⑤ **Wie alt ist Mucki?**

☐ drei Monate ☐ vier Monate ☒ fünf Monate

⑥ **Welchen Nachnamen hat Muckis Besitzer?** Bronner

7 **Was hat welche Farbe? Verbinde.**

Fell	weiß
Bauch	braun
Stirnfleck	grau
Ohrenspitzen	schwarz
Hinterpfote	

(Fell – braun; Bauch – weiß; Stirnfleck – schwarz; Ohrenspitzen – weiß; Hinterpfote – schwarz)

Ein alter Esel, der seinem Herrn viele Jahre treu gedient hatte und zu nichts mehr nütze war, machte sich auf den gWe nach Bremen. „Dort werde ich Stadtmusikant", dachte er bei sich.

Nach einer Weile begegneten ihm ein alter nudH, eine alte Katze und ein alter Hahn. „Lasst uns zusammen nach Bremen andewrn und dort Stadtmusikanten werden!", schlug der elsE vor.
Und da allen der Vorschlag gefiel, marschierten die Tiere los.

Abends erreichten sie einen ladW. Müde flog der Hahn auf die Spitze eines hohen Baumes, als er einen eiSchn bemerkte.
Er rief: „Nicht weit von hier brennt ein Licht!" Da sprach der Hund: „Ja, etwas eischFl und ein Knochen kämen mir gerade recht."

Und so folgten sie dem Lichtschein, bis sie vor einem llhe erleuchteten Räuberhaus standen. Der Esel schaute durch das enFster hinein.
„Ich sehe einen sTich voll mit köstlichen Speisen.
Räuber lassen es sich schmecken!" Da sprang der nuHd auf des Esels Rücken. Die atzKe kletterte auf den Hund und der Hahn flog auf ihren Kopf. Gemeinsam machten sie lautstark Misuk:
Der Esel schrie, der Hund bellte, die Katze miaute und der Hahn krähte aus Leibeskräften.

Zusammen stürzten sich die vier Tiere in die Stube. Die Räuber flohen eilig.
Die Tiere aber blieben im aHus bis an ihr Lebensende.

(nach den Brüdern Grimm)

① **Schreibe die Wörter mit den verdrehten Buchstaben richtig auf.**

Ein alter Esel, der seinem Herrn viele Jahre treu gedient hatte
und zu nichts mehr nütze war, machte sich auf den Weg
nach Bremen. „Dort werde ich Stadtmusikant", dachte er bei sich.
Nach einer Weile begegneten ihm ein alter Hund, eine alte Katze
und ein alter Hahn. „Lasst uns zusammen nach Bremen wandern
und dort Stadtmusikanten werden!", schlug der Esel vor.
Und da allen der Vorschlag gefiel, marschierten die Tiere los.
Abends erreichten sie einen Wald. Müde flog der Hahn
auf die Spitze eines hohen Baumes, als er einen Schein bemerkte.
Er rief: „Nicht weit von hier brennt ein Licht!" Da sprach der Hund: „Ja, etwas
Fleisch und ein Knochen kämen mir gerade recht." Und so folgten
sie dem Lichtschein, bis sie vor einem hell erleuchteten Räuberhaus
standen. Der Esel schaute durch das Fenster hinein.
„Ich sehe einen Tisch voll mit köstlichen Speisen.
Räuber lassen es sich schmecken!" Da sprang der Hund auf
des Esels Rücken. Die Katze kletterte auf den Hund
und der Hahn flog auf ihren Kopf. Gemeinsam machten sie lautstark
Musik: Der Esel schrie, der Hund bellte, die Katze miaute und der
Hahn krähte aus Leibeskräften.
Zusammen stürzten sich die vier Tiere in die Stube. Die Räuber flohen eilig.
Die Tiere aber blieben im Haus bis an ihr Lebensende.

Rund um den Apfelbaum

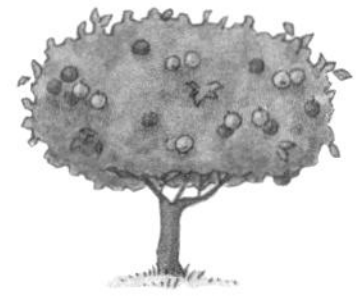

Die eigentliche Heimat des Apfels ist China. Dort entdeckte man viele verschiedene Wildarten. Unsere heutigen Sorten stammen von ihnen ab.

Es ist kaum vorstellbar, dass aus so einem kleinen Apfelkern ein riesiger Baum heranwächst. Zwischen sechs und neun Metern kann ein Apfelbaum hoch werden. Jedes Jahr bildet er neues Laub und trägt saftige Früchte.
Fast niemand weiß, dass er zur Familie der Rosengewächse gehört.

Schau dir doch einmal im Mai die Blüten eines Apfelbaumes etwas genauer an. Die kleinen weiß-rosafarbigen Blüten sehen aus wie Miniröschen. Aber erst wenn diese winzigen Blüten von Bienen befruchtet werden, entstehen Äpfel.

Mit dem Stiel hält sich das heranwachsende Äpfelchen am Ast fest. Wenn die Frucht reif ist, lässt sie sich ganz leicht abnehmen. Die Erntezeit ist abhängig von der Sorte. Manche Äpfel sind schon im August ausgereift. Die meisten werden aber im September und Oktober geerntet.

Äpfel sind sehr gesund. Sie enthalten viele Vitamine und Mineralstoffe. Unreife, saure Früchte solltest du nicht essen. Du kannst leicht Magenschmerzen davon bekommen.

① Ein Apfelbaum wächst aus einem

☐ Apfelkarn ☐ Apfelkorn ☐ Apfelkurn ☒ Apfelkern

② Ein Apfelbaum gehört zu den

☐ Zwiebelgewächsen ☒ Rosengewächsen ☐ Rasengewächsen

③ Der Ast hält den Apfel

☒ am Stiel ☐ am Gehäuse ☐ am Kern ☐ am Stamm

④ Ein Apfel entsteht aus

☐ einer Blume ☒ einer Blüte ☐ einem Ast ☐ einem Blatt

⑤ Apfelblüten werden befruchtet von

☐ Maden ☐ Vögeln ☒ Bienen ☐ Bauern

⑥ Die meisten Äpfel werden geerntet in den Monaten

☐ Mai bis Juni ☐ Oktober bis November
☒ September bis Oktober ☐ Januar bis Februar

7 Unterstreiche alle Monatsnamen im Text.
Wie viele sind es? 4

Das Hexenfest

Neulich trafen sich die jungen Hexen aus Donnerskirchen zu einer Party. Kaum war die Dämmerung hereingebrochen, flogen sie eine nach der anderen herbei. Sie feierten am Bocksberg wie jedes Jahr die Sommersonnwendnacht.

Jede brachte etwas zu essen mit. Auf dem Buffet fanden sich solche Herrlichkeiten wie zum Beispiel glibberiger Krötenschleim, den Kalamaris mitgebracht hatte. Madrigala hatte Warzenkuchen gebacken. Hunki kam mit einem ganzen Beutel voll langer, gerader und knuspriger Spinnenbeine mit Salzstreuseln an. Lodovina landete mit elegantem Schwung, stieg von ihrem Besen und lud noch aufgefädelte, dicke Regenwürmer neben dem Grill ab.

Dann wurde das große Feuer angezündet. Alle ließen sich die Köstlichkeiten schmecken. Es wurde gesungen, getanzt und gelacht. Um Mitternacht entschwebten die Hexen und wie von Zauberhand waren plötzlich keine Reste mehr von der Party zu sehen.

① Kreise alle Hexennamen im Text ein.

② Was feierten die Hexen? Kreuze an.

☐ Wintersonnwend ☒ Sommersonnwend ☐ Donnersfest

③ Wo feierten die Hexen? Kreuze an.

☐ Bocksburg ☐ Bockberg ☒ Bocksberg ☐ Bucksberg

4 Um welche Speisen handelt es sich wohl?
Unterstreiche im Text mit der richtigen Farbe.

Salzstangen Götterspeise Streuselkuchen Würstchenspieße

Witzig, witzig!

① Unterstreiche beim unteren Witz die 10 Unterschiede.

Ein Mann geht in eine Tierhandlung. Er möchte einen Eisbären kaufen.
Der Verkäufer hat tatsächlich einen da. Beim Kassieren sagt er:
„Das Tier ist sehr zutraulich und gar nicht wild. Sie dürfen es aber **NIE** hinter den Ohren kraulen!"
Daheim angekommen läuft alles ganz prima, bis der Mann eines Tages sagt:
„Ich halte es nicht mehr aus, ich muss meinen Eisbären einfach einmal hinter den Ohren kraulen."
Er tut es und der Eisbär springt brüllend auf ihn los.
Der Mann läuft in Panik weg: den Flur entlang, die Treppe hinauf, die Treppe wieder herunter, um den Esstisch, um den Küchentresen, der Eisbär immer knapp dahinter. Am Ende ist der Mann total erschöpft.
Der Eisbär holt ihn ein, schlägt ihm mit seiner Pranke auf die Schulter und sagt: „Du bist jetzt Fänger!"

Ein Mann geht in die Tierhandlung. Er möchte sich einen Eisbären kaufen.
Der Verkäufer hat tatsächlich einen da. Beim Kassieren sagt er:
„Das Tier ist ziemlich zutraulich und überhaupt nicht wild. Sie dürfen es aber **NIE** hinter den Ohren streicheln!"
Daheim angekommen läuft alles ganz toll, bis der Mann eines Tages sagt:
„Ich halte es nicht mehr aus, ich muss den Eisbären einfach einmal hinter den Ohren kraulen."
Er tut es und der Eisbär springt brüllend auf ihn los.
Der Mann läuft in Panik weg: den Gang entlang, die Treppe hinauf, die Treppe wieder runter, um den Esstisch, um den Küchentresen, der Eisbär immer knapp dahinter. Am Schluss ist der Mann total erschöpft.
Der Eisbär holt ihn ein, schlägt ihm mit seiner Pranke auf die Schulter und sagt: „Du bist jetzt Fänger!"

1 **Schreibe zu jeder Sprechblase die Nummer des passenden Geschenks.**

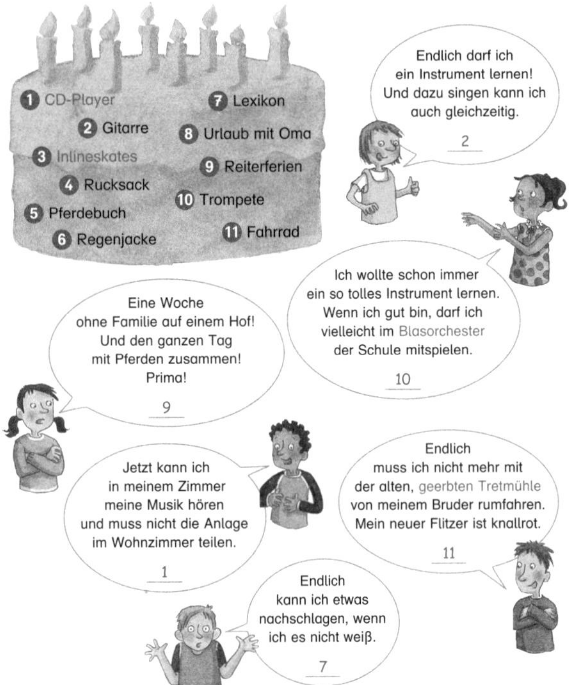

1 **Tierische Sätze**
Kreuze nur die sinnvollen Aussagen an.

- ☒ Hannas Hamster heißt Bommel.
- ☐ Ich zahle mit einer Eule.
- ☒ Eine Schlange kann giftig sein.
- ☐ Der Affe sitzt im Kühlschrank.
- ☐ Sinne haben acht Beine.
- ☒ Auch im Regenwald gibt es Frösche.
- ☐ Koalabären jagen Handtaschen.
- ☒ Die Katze schnurrt leise.
- ☐ Lass den Schmetterling nicht an!
- ☐ Die Maus knattert den Käse an.
- ☒ Eidechsen haben lange Schwänze.
- ☒ Ein Pferd grast auf der Weide.
- ☐ Der bunte Vogel hüpft auf seinen Bienen.
- ☒ Ein Skorpion zeigt seinen Giftstachel.
- ☒ Hast du Hunde?
- ☐ Die Amsel zeigt grün.
- ☐ Mein Opel hat ein Kaninchen.
- ☐ Der Spatz frisst das Krokodil.
- ☒ Kaulquappen leben im Wasser.
- ☐ Der Schlaf hat wolliges Fell.

In Leos Klasse wurde eine Einladung für einen Schnuppernachmittag bei den Pfadfindern ausgeteilt.
Lies dir den Brief genau durch und zeichne Leos Weg zum Treffpunkt in den Plan auf der nächsten Seite ein.

Liebe Kinder!

Wenn ihr mit dem Rücken zur Schule steht, wendet euch erst einmal nach rechts.
Geht die Schulstraße entlang bis zur nächsten Kreuzung.
Dort biegt ihr links in den Ahornweg ein.
Nach der Post müsst ihr links abbiegen.
An der übernächsten Kreuzung geht es rechts weiter.
Sobald sich der Weg gabelt, nehmt den rechten Pfad.
Ihr müsst ein kurzes Stück durch den Wald gehen.
Dann findet ihr auf der Lichtung unseren Lagerplatz.
Viel Spaß und Erfolg bei eurem ersten „Pfadfinder-Weg"!

Die Leiter der Jugendgruppe Wölfe

1. Welcher Apfel hat keinen Stiel?
2. Welches Blatt wächst nicht am Baum?
3. Welcher Schuh passt nicht an den Fuß?
4. Welches Kleid hat keine Knöpfe?
5. Welche Feige kann man nicht essen?
6. Welches Bein kann nicht laufen?
7. Welcher König hat kein Reich?
8. Welches Schloss ist nicht bewohnbar?
9. Welche Decke wärmt nicht?
10. Welche Tasche hat keinen Griff?
11. Welcher Hahn kräht nicht?
12. Welche Gasse führt nicht weiter?
13. Welcher Hut passt auf keinen Kopf?
14. Welches Schwein kann nicht laufen?
15. Welcher Ring passt nicht an den Finger?
16. Welches Pferd wird nie groß?

Streiche die Lösungswörter durch, die du schon verwendest hast.

① **Setze die Lösungswörter in das ABC-Gitterrätsel richtig ein.**

STUHLBEIN ARBEITSBLATT TÜRSCHLOSS ZIMMERDECKE
OHRFEIGE HANDSCHUH WASSERHAHN BOXRING
AUGAPFEL SPARSCHWEIN PONY ZAUNKÖNIG
FINGERHUT SACKGASSE FEDERKLEID QUARKTASCHE

1 ▸ A U G **A** P F E L
2 ▸ A R B E I T S **B** L A T T
3 ▸ H A N D S **C** H U H
4 ▸ F E D **E** R K L E I D
5 ▸ O H R F E I **G** E
6 ▸ S T U H L B E **I** N
7 ▸ Z A U N **K** Ö N I G
8 ▸ T Ü R S C H **L** O S S
9 ▸ Z I **M** M E R D E C K E
10 ▸ **Q** U A R K T A S C H E
11 ▸ W A S S E **R** H A H N
12 ▸ **S** A C K G A S S E
13 ▸ F I N G E R H **U** T
14 ▸ S P A R S C H **W** E I N
15 ▸ B O **X** R I N G
16 ▸ P O N **Y**

★2 **Welche Buchstaben aus dem ABC fehlen in den blauen Kästchen?**

D F H J N O P T V Z

①
Am ersten Ferientage
gleich morgens früh um acht,
da hat Familie Nashorn
sich auf den Weg gemacht.

②
Im fernen Reiselande,
das sie noch nie gesehn,
wolln sie zum ersten Male
am Meer spazieren gehn.

③
Ins kleine grüne Auto,
da passten alle rein.
Drei Kinder auf dem Rücksitz
und auch der Hund – ganz klein.

④
Sie fuhren durch die Berge
vorbei an Wald und See
und oben auf dem Gipfel,
da lag sogar noch Schnee.

⑤
Und endlich dann am Abend,
die Lider wurden schwer,
sie bogen um die Ecke
und sahen es – das Meer!

⑥
Hellwach und voller Freude,
sie sperrten auf den Mund,
bestaunten große Wellen,
es wedelte der Hund.

⑦
Sie hüpften aus dem Auto
und liefen durch den Sand.
Nun sind sie angekommen
im Urlaubsferienland.

① **Zu welcher Tageszeit fuhr Familie Nashorn in den Urlaub?**

☒ morgens ☐ vormittags ☐ nachmittags ☐ abends

② **Worum geht es in diesem Gedicht?**

Es geht darum, dass …

☐ … Menschen in Urlaub fahren.
☐ … Autofahren müde macht.
☒ … eine Familie zum ersten Mal das Meer sieht.
☐ … der Hund durch den Sand laufen durfte.

③ **Woran merkst du in der 6. Strophe, dass sich der Hund sehr freute?**

Er wedelte mit seinem Schwanz.

④ **Zu welcher Strophe passen diese Wörter?**

Gebirge Strophe 4 Müdigkeit Strophe 5
Freude Strophe 6 Abfahrt Strophe 1

⑤ **Wie viele Nashörner sitzen im Auto?** 5 Nashörner

⑥ **In jeder Strophe gibt es ein Reimpaar. Vervollständige.**

schwer	See	acht	Hund
Meer	Schnee	gemacht	Mund

Sand	gehn	rein
Urlaubsferienland	gesehn	klein

Wer hat den Dieb gesehen?

1 Marco langweilte sich.
Seine Mutter suchte nach einer Kette
in dem kleinen Schmuckgeschäft.
Eine Menge Leute befanden sich
im Laden. Der Junge beobachtete sie.

2 Er sah einer jungen Frau mit Brille und langem, blonden, gelockten Haar zu, die sich eine Silberkette umhängte. Daneben stand ein Mädchen mit roten, glatten, langen Haaren und einer Zahnspange, das sich einen silbernen Ring an den Finger steckte.
Er bemerkte auch, wie ein junger Mann mit Brille und lockigem, kurzen, dunklen Haar sich eine Goldkette nahm.
Außerdem fiel ihm auf, dass ein altes Ehepaar lange Zeit eine Kette aus roten Edelsteinen genau betrachtete.

Die alte Frau trug einen lila Hut, unter dem ihre lockigen, grauen, kurzen Haare hervorschauten. Der alte Mann hatte eine Brille auf der Nase und eine Glatze.

3 Im Auge behielt Marco schließlich einen Jungen mit Brille, kurzen, dunklen Haaren und Kappe. Er nahm einen goldenen Ring aus dem Regal.
Dann entdeckte er seinen Freund Timo im Geschäft und ging zu ihm.
Er achtete nicht weiter darauf, was im Laden passierte.
Leute gingen ein und aus. Mutter hatte inzwischen eine hübsche Kette gefunden. Eben wollte sie bezahlen, als der Ladenbesitzer rief:
„Jemand hat die wertvolle Goldkette gestohlen. Wer war das?"
Zum Glück hatte Marco gut aufgepasst und konnte dem Ladenbesitzer mitteilen, wie die Person aussah, welche die wertvolle goldene Kette mitgenommen hatte.

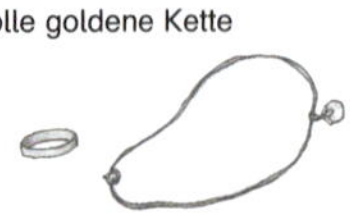

1 **Was hat der Dieb gestohlen?** Eine Goldkette

2 **Wer sah sich was an? Verbinde Person und Schmuckstück.**

Person	Schmuckstück
junge Frau	silberner Ring
Mädchen	Edelsteinkette
Junge	Goldkette
altes Ehepaar	Silberkette
junger Mann	goldener Ring

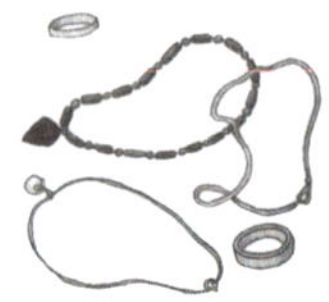

3 **Wie sah der Dieb aus? Zeichne sein Gesicht.**

Wo wird der Dieb im Text beschrieben? Suche zuerst die Stelle. Unterstreiche sie und zeichne dann.

4 **Welche Person kommt** nicht **in der Geschichte vor? Streiche sie durch.**

Klecksmonster

Liebe Sabine!

Vielen Dank, dass du mir vor einigen Woche✽ einen Brief
geschrieben hast. Sicher wartest du schon auf meine ✽ntwort.
Ich wollte dir eigentlich schon vor langer Zei✽ auf deinen Brief
antworten. Leide✽ war das aber schwierig.
Ich muss dir nämlich erzähl✽✽, dass sich bei uns
ein unheimliches Monster herumtreibt. Es möchte ni✽✽✽,
dass ich dir Brie✽✽ schreibe. Deshalb tropft es dauernd Tinte
auf dieses Blatt. Eigentlich würde ich dir gerne jede Wo✽✽✽
einen Br✽✽✽ schreiben, aber das böse Klecksmons✽✽✽
verhindert das. Sieh nur, was es anst✽✽✽t!
Sobald ich zu schr✽✽✽✽✽ anfange, tropft es über mein Bla✽✽.
Deshalb sind jet✽✽ lauter Kleckse auf meinem Br✽✽✽.
Ich weiß nicht, warum es das ma✽✽✽. Viell✽✽✽✽✽ mag es nicht,
dass ich so viele Briefe ✽✽✽✽✽✽be. Schreiben ist ja auch
ganz schön ✽✽strengend! Viel leichter ist es mitein✽✽✽er
zu ✽✽✽✽fonieren. Deshalb werde ich ab heute k✽✽ne Br✽✽✽e
mehr sch✽✽✽✽✽✽. Ich ho✽✽✽, du verstehst das!

Liebe Grüße und bis bald am Telefon!

Deine Tanja

1 **Verbessere den Brief.**

Jeder Tintenklecks verdeckt immer einen Buchstaben.

Liebe Sabine!

Vielen Dank, dass du mir vor einigen Wochen einen Brief
geschrieben hast. Sicher wartest du schon auf meine Antwort.
Ich wollte dir eigentlich schon vor langer Zeit auf deinen Brief
antworten. Leider war das aber schwierig.
Ich muss dir nämlich erzählen, dass sich bei uns
ein unheimliches Monster herumtreibt. Es möchte nicht,
dass ich dir Briefe schreibe. Deshalb tropft es dauernd Tinte
auf dieses Blatt. Eigentlich würde ich dir gerne jede Woche
einen Brief schreiben, aber das böse Klecksmonster
verhindert das. Sieh nur, was es anstellt!
Sobald ich zu schreiben anfange, tropft es über mein Blatt.
Deshalb sind jetzt lauter Kleckse auf meinem Brief.
Ich weiß nicht, warum es das macht. Vielleicht mag es nicht,
dass ich so viele Briefe schreibe. Schreiben ist ja auch
ganz schön anstrengend! Viel leichter ist es miteinander
zu telefonieren. Deshalb werde ich ab heute keine Briefe
mehr schreiben. Ich hoffe, du verstehst das!

Liebe Grüße und bis bald am Telefon!

Deine Tanja

Tiere im Winter

❶ Tiere in der freien Natur verbringen den Winter auf unterschiedliche Weise. Man unterscheidet zwischen winteraktiven Tieren, Winterschläfern, Winterruhern und Tieren in Winterstarre.

❷ Beim Winterschlaf fallen die Tiere in einen ganz tiefen Schlaf. Sie ernähren sich in dieser Zeit von ihren „Fettreserven", also sozusagen von einer dicken Schicht Winterspeck, die sie sich angefuttert haben. Damit sie nicht so viel Energie verbrauchen und den langen Winter über durchhalten, senken sie ihre Körpertemperatur herunter. Auch das Herz schlägt weniger oft, sie atmen kaum.

❸ Bei der Winterruhe bleibt die Körpertemperatur der Tiere gleich. Sie zehren zwar auch von ihrem Fettpolster, wachen aber immer wieder auf. Dann futtern sie von angelegten Vorräten und scheiden Urin und Kot ab. Wenn Gefahr droht, wachen Winterruher auf. Sie können dann, weil sie ihre normale Körpertemperatur behalten und so beweglich sind, sofort flüchten.

❹ Tiere, die während des Jahres immer die gleiche Körpertemperatur wie ihre Umgebung besitzen, fallen in die sogenannte Winterstarre. Das heißt sie suchen sich rechtzeitig ein Versteck, in dem sie vor Frost geschützt sind. An diesem Ort bleiben sie den ganzen Winter bewegungslos und wie erstarrt. Sobald die Außentemperatur steigt, erwachen sie wieder aus ihrer Starre.

❺ Winteraktive Tiere ziehen sich nicht zurück. Sie leben im Winter ganz normal weiter und müssen fressen und trinken, um zu überleben.

① Ordne den Absätzen zu, wovon sie handeln. Verbinde richtig.

Absatz 1	Winterruher
Absatz 2	Winterschläfer
Absatz 3	Tiere im Winter
Absatz 4	winteraktive Tiere
Absatz 5	Tiere in Winterstarre

② Welches Tier überlebt wie den Winter? Schreibe in die Kreise.

Winterschlaf: 1 Winterruhe: 2 Winterstarre: 3 winteraktiv: 4

(4) Rehe streifen durch den Wald. Sie suchen nach Nahrung. Oft treibt sie der Hunger bei Schnee auch auf Felder und Wiesen.

(4) Der Fuchs bekommt ab Herbst ein dichteres, wärmeres Fell. Er lebt im Winter genau so wie in den anderen Jahreszeiten.

(2) Der Dachs liegt im Winter oft tagelang in seinem Bau. Manchmal wacht er auf und sucht sich Futter.

(3) Im Winter kühlt der Frosch zusammen mit der Lufttemperatur und der Wassertemperatur ab. Seine Muskeln werden ganz fest und steif.

(1) Der Igel schläft den ganzen Winter in seinem Nest. Er lebt von seiner Speckschicht. Sein Herzschlag und seine Atmung sind ganz langsam. Seine Körpertemperatur sinkt.

(1) Fledermäuse suchen sich eine Höhle. Dort hängen sie von der Decke und schlafen den ganzen Winter über tief und fest.

Schlangensätze

① Lies dir die Schlangensätze zuerst einmal genau durch. Alles, was du machen musst, steht in dem Text.

dieser|text|ist|ein|bisschen|seltsam|.

er|besteht|aus|lauter|kleinen|buchstaben|.
außerdem|fehlen|die|satzzeichen|.

lies|ihn|bitte|gründlich|durch|du|lernst|hier|
genau|und|konzentriert|zu|lesen|.

deine|aufgabe|ist|es,|die|einzelnen|wörter|
durch|senkrechte|bleistiftstriche|zu|
trennen|.

mache|nach|jedem|satz|einen|dicken|punkt|.
wenn|du|acht|punkte|gemacht|hast,|hast|du|
alle|sätze|gefunden.

Donnerwetter!

Grünhausener Tageblatt
Wetterbericht vom 5.3.
Ein erster Anflug von Frühling! Heute klettern die Temperaturen tagsüber auf bis zu 15 Grad. Der Himmel ist klar, es weht ein leichter Wind aus westlicher Richtung. Gegen Abend ziehen wieder ein paar Wolken auf.

Frosch-Kanal
Wetter am 16.4.
Heute echtes Aprilwetter! Es wird einen Mix aus Sonne, Regen und Wind geben. Auch Hagel ist in einigen Teilen Deutschlands zu erwarten. Die Temperaturen erreichen kaum über 10 Grad.

Kröten-Kurier
Wettervorhersage für den 26.4.
Trotz überwiegenden Sonnenscheins muss mit starken Windböen gerechnet werden. Der Tag beginnt jedoch leicht neblig. Im Norden ist es mit bis zu 14 Grad freundlicher als im Süden Deutschlands.

Teich-Radio
Unser Wetter, 1.5.
Es ziehen am Vormittag Schauer durch das gesamte Sendegebiet. Am Nachmittag beruhigt sich das Wetter. Einzelne sonnige Abschnitte bei bis zu 18 Grad sind möglich. In der Nacht wird es sternenklar sein.

① An welchem Tag muss man mit Hagel rechnen? am 16.4

② An welchem Tag gibt es starke Windböen? am 26.4.

③ Welches ist der wärmste Tag? der 1.5.

④ An welchem Tag sieht man die Sterne? am 1.5.

⑤ An welchem Tag ist mit Nebel zu rechnen? am 26.4.

⑥ Woher stammt der Wetterbericht vom März?

vom Grünhausener Tageblatt

Wunder gibt es nur einmal

Monika saß mit Mutter und Vater beim Abendbrot.
„Stellt euch vor, wen ich heute gesehen habe“, sagte die Mutter.
Vater und Monika sahen sich fragend an.
„Den alten Tom“, erzählte Mutter.

Tom war eigentlich ein netter Kerl. Aber er war vor einiger Zeit aus der Stadt verschwunden, weil man ihm nachsagte, er hätte eine Bank überfallen. Da hielt er es für besser, einige Zeit die Stadt zu verlassen. Niemand rechnete damit, dass er eines Tages wieder zurückkommen würde.
Monikas Mama meinte nun: „Als ich Tom sah, hat mich echt der Blitz getroffen.“
Monika dachte sich: „Der Blitz hatte Mama getroffen? Und da lebt sie noch? Das ist ja ein richtiges Wunder!“

Ein paar Tage später ging Monika von der Schule nach Hause.
Plötzlich stand Tom vor ihr. Monika erschrak fürchterlich.
Sie schloss die Augen und hob die Arme schützend vor ihr Gesicht.
„Aber Kind!“, lachte Tom, „Du brauchst doch keine Angst vor mir zu haben!“
Vorsichtig blickte Monika zum Himmel. Sie war erstaunt.
Obwohl sie Tom getroffen hatte, schien immer noch die Sonne und der Himmel war blau.

① Wovor hatte Monika Angst, als sie Tom traf? Kreuze an.

- ☐ Sie hatte Angst, dass Tom einen Diebstahl begehen würde.
- ☒ Sie hatte Angst, dass sie der Blitz treffen würde.
- ☐ Sie hatte Angst, dass Tom ihr etwas antun würde.

② Was dachte sich Monika, nachdem die Mutter von ihrer Begegnung erzählt hatte? Unterstreiche im Text.

③ Was meinte die Mutter mit dem Ausspruch „Mich hat der Blitz getroffen“?

- ☒ dass sie total überrascht war
- ☐ dass sie in ein Gewitter geraten war
- ☐ dass sie schreckliche Angst hatte

④ Was sagte Tom zu Monika?

Aber Kind! Du brauchst doch keine Angst vor mir zu haben!

⑤ Wie war das Wetter, als Monika Tom traf? Male.

Lösung: Sonne und blauer Himmel

Ferienlager

**① Beim Ferienlager der Pfadfinder gibt es jeden Tag ein besonderes Programm. Die Kinder schreiben im Laufe der Woche Postkarten an ihre Eltern, Großeltern und Freunde.
Schreibe auf jede Postkarte, um welchen Wochentag es sich handelt.**

Montag	Dienstag	Mittwoch	Donnerstag	Freitag
Ankunft	Schnitzeljagd	Lagerfeuer	Naturkunst	Besuch

Mittwoch
… Wir haben den ganzen Tag trockenes Holz gesucht und aufgeschichtet. Unsere Betreuer haben uns gezeigt, wie man ohne Streichhölzer im Wald ein Feuer machen kann. …

Dienstag
… Wir haben uns fast im Wald verirrt, so schwierig war der ausgelegte Weg. Am Ende gab es einen Preis für die schnellste Gruppe. …

Montag
… Wir haben uns zuerst in unseren Zelten eingerichtet. Dann gab es eine Führung über das Gelände, damit sich auch jeder bald gut auskennt. …

Freitag
… Wir haben eine Ausstellung mit den in dieser Woche hergestellten Dingen gemacht. Außerdem gab es Spiele mit Erwachsenen und Kindern und ein tolles Essen. …

Donnerstag
… Wir haben aus Naturmaterialien Mandalas gelegt. Eine Gruppe hat Traumfänger aus Ästen und Schnüren hergestellt. Eine andere Gruppe hat Steinskulpturen gebaut. …

Abkürzungen sollte man kennen!

① Ordne jedem Wort die passende Abkürzung zu.

Telefon	Tel.	Meter	m
Absender	Abs.	Adresse	Adr.
Gramm	g	zum Beispiel	z. B.
Millimeter	mm	geboren	geb.
das heißt	d. h.	Nummer	Nr.
Kilogramm	kg	katholisch	kath.
Doktor	Dr.	Minute	Min.
Liter	l	evangelisch	ev.
Postleitzahl	PLZ	beziehungsweise	bzw.
Zentimeter	cm	Straße	Str.
Seite	S.	cirka (ungefähr)	ca.
Stunde	Std.	Toilette (Wasserklosett)	WC
Bahnhof	Bhf.		

geb. g Abs. mm Bhf.
cm S. Std. PLZ Dr.
Str. kath. ev. m Nr.
z. B. Min. WC bzw. ~~Tel.~~
d. h. ca. kg l Adr.

Lena saß auf der Terrasse und überlegte, wie sie die Hausaufgabe erledigen sollte.
„Malt drei Tierspuren auf ein Blatt“, hatte Frau Kirna gesagt.
Aber Lena wusste nicht, wie Tierspuren aussahen und welche sie zeichnen sollte. Wenn es Winter gewesen wäre, hätte sie Spuren im Schnee suchen und abmalen können. Doch jetzt im Sommer war das schwierig.

Lena starrte auf ihr leeres Blatt, als plötzlich ein Windstoß kam. Er nahm das Blatt mit.
„He!“, rief Lena und versuchte es wieder einzufangen.
Der Wind war schneller. Er wirbelte es hoch, bis es schließlich wieder im Hof landete.
Minka, Lenas Katze, tappte mit ihren schmutzigen Pfoten darüber.
„Na bravo!“, stöhnte Lena, „jetzt kann ich das Blatt wegwerfen.“

Sie wollte sich das schmutzige Blatt gerade schnappen, da wehte der Wind es abermals hinfort. Diesmal schwebte es auf eine Wiese.
Lena blieb ganz still. Sie hatte einen Hasen im Gras entdeckt und wollte ihn nicht erschrecken. Doch der Hase hatte sie bereits bemerkt, hoppelte über das Blatt und weiter zu den Büschen.
Schon wieder kam eine frische Brise und nahm das Blatt mit auf die Reise. Diesmal flog es weit. Lena folgte ihm.
Zuletzt blieb es im Wald liegen.

Als Lena das Blatt aufheben wollte, rannte ein Wildschwein auf sie zu.
Das Mädchen erschrak und versteckte sich hinter einem Baum.
Es wusste, dass Wildschweine gefährlich werden konnten.
Das Tier trampelte mit seinen Schlammfüßen über das Blatt und verschwand zwischen den Bäumen. Glück gehabt!
Endlich schnappte sich Lena das Blatt und ging nach Hause.
Sie wollte es schon wegwerfen. Doch dann warf sie noch mal einen Blick auf das Blatt und jubelte: „Meine Hausaufgabe ist erledigt!“

① **Was ruft Lena am Ende der Geschichte? Unterstreiche im Text.**

② **Wie kam Lena zu ihrer Hausaufgabe? Kreuze an.**

- ☐ Sie hat die Tierspuren rasch aufgezeichnet.
- ☒ Die Tiere haben auf dem Blatt ihre Spuren hinterlassen.
- ☐ Ihr Bruder hat die Hausaufgabe für sie erledigt.

③ **Welche Tierspuren hat Lena schließlich auf ihrem Blatt? Unterstreiche die passenden Tiere.**

Hund Katze Tiger Hahn Reh Hausschwein
Maus Wildschwein Vogel Hase

④ **Ordne die Orte den passenden Tieren zu. Vorsicht, es sind auch falsche Tiere und Orte dabei.**

Hund	Hof
Katze	Wald
Hase	Weg
Vogel	Straße
Schwein	Wiese

⑤ **Lies Wort für Wort im Text nach. Streiche falsche Sätze durch.**

- ~~Minki, Lenas Katze, tappte mit ihren schmutzigen Pfoten darüber.~~
- Das Mädchen erschrak und versteckte sich hinter einem Baum.
- ~~Doch jetzt im Sommer war es schwierig.~~
- ~~Diesmal schwebte es auf die Wiese.~~

	MO	DI	MI	DO	FR
8.00– 8.45	Mathematik	Musik	–	Deutsch	Sport
8.45– 9.30	Deutsch	Religion	Religion	Mathematik	Sport
9.45–10.30	Sachunterricht	Mathematik	Deutsch	Mathematik	Deutsch
10.30–11.15	Sport	Deutsch	Musik	Englisch	Deutsch
11.30–12.15	Kunst	Sachunterricht	–	Werken	Mathematik
12.15–13.00	–	–	–	Werken	(AG Chor)

① **Welches Fach hat Timos Klasse am Freitag in der 2. Stunde?**

Sport

② **Welches Fach kommt am Montag nach Sport?**

Kunst

③ **Welches Fach findet am Dienstag und am Donnerstag in der gleichen Stunde statt?** Mathematik

④ **An welchem Tag findet der wenigste Unterricht statt?** Mittwoch

⑤ **An welchem Tag hat Timo die meisten Stunden, wenn er nicht an der Arbeitsgemeinschaft Chor teilnimmt?** Donnerstag

⑥ **Verbinde Fach und passende Abkürzung.**

Mathematik	D	REL	Sport
Deutsch	MA	MUS	Englisch
Sachunterricht	KU	SP	Religion
Kunst	SU	E	Musik

① **Welches Wort musst du beim Antworten besonders betonen? Unterstreiche es. Das unterstrichene Wort in der Frage hilft dir auf die richtige Spur zu kommen.**

Beispiel:
„Möchtest du Erdbeeren?“ – „Nein, ich möchte Himbeeren.“

- „Habt ihr das Fußballspiel gewonnen?“ – „Nein, wir haben das Spiel verloren.“
- „Warst du mit dem Hund Gassi?“ – „Nein, Anna war mit dem Hund draußen.“

- „Ist das der neue Tennisschläger, der kaputt in der Ecke liegt?“ – „Nein, das ist der alte Schläger.“
- „Hast du heute Klavierunterricht?“ – „Nein, ich habe morgen Klavierunterricht.“

- „Die andere Klasse hatte wohl heute eher aus?“ – „Nein, unsere Klasse hatte heute eher aus.“
- „Hast du gelernt?“ – „Nein, ich habe gespielt.“
- „Hast du die Fernbedienung verlegt?“ – „Nein, ich habe die Fernbedienung nicht gehabt.

Vorsicht – keine Schlange!

1 Viele Menschen haben Angst, wenn sie ein langes Tier am Boden kriechen sehen. Sie denken, es sei eine Schlange. In Deutschland gibt es aber ein Lebewesen, das aussieht wie eine Schlange, jedoch keine ist. Es handelt sich um die Blindschleiche.

2 Bis zu einem halben Meter lang werden die Männchen. Etwas kürzer sind die Weibchen. Blindschleichen sind trotz ihres Namens nicht blind. Sie haben im Gegensatz zu Schlangen auch bewegliche Augenlider. Der Namensteil „blind“ stammt vom althochdeutschen „plint“. Das heißt „blenden“. Wenn die Blindschleiche in der Sonne liegt, glänzen nämlich ihre Schuppen silbrig-grau und können einen blenden.

3 Die Blindschleiche ist eine Echsenart. Zu den Echsen gehört zum Beispiel auch die Eidechse. Für gewöhnlich haben Echsen Beine. Diese hatte die Blindschleiche früher auch. Sie haben sich aber fast ganz zurückgebildet.

4 Die Blindschleiche hat den Igel, größere Vögel und Schlangen zum Feind. Doch sie hat einen Trick, um dem Tod zu entkommen: Wenn sie Feinde loswerden möchte, wirft sie ihren Schwanz ab. Dieser bewegt sich noch ein bisschen, sodass die Angreifer darauf Jagd machen. Die Blindschleiche macht sich inzwischen davon. Das abgeworfene Hinterteil wächst bei der Blindschleiche aber nicht nach. Leider töten viele Menschen die Blindschleiche aus Angst. Dabei ist das Tier absolut ungefährlich.

Möchtest du mehr über Blindschleichen wissen? Informiere dich in Büchern oder im Internet darüber.

1 Ergänze den Text.

- Männliche Blindschleichen werden bis zu einem halben Meter lang.
- Die Blindschleiche und die Eidechse gehören zu der Art der Echsen.
- Echsen haben für gewöhnlich Beine, die Blindschleiche hatte diese früher auch.
- Die Augenlider der Blindschleiche sind beweglich.
- Die Feinde der Blindschleiche sind Igel, größere Vögel und Schlangen.
- Trotz ihres Namens sind Blindschleichen nicht blind. Der Name Blindschleiche hängt mit dem althochdeutschen Begriff „plint“ zusammen. Dieses Wort heißt blenden. In der Sonne glänzen die Schuppen der Blindschleiche silbrig-grau.
- Die Blindschleiche kann ihre Feinde täuschen und ihnen entkommen, indem sie ihren Schwanz abwirft.
- Viele Menschen haben Angst vor der Blindschleiche, dabei ist sie absolut ungefährlich.

Was ist das?

1
Ohne es gibt es kein Leben.
Kann es Wichtigeres geben?
Dieses Ding braucht man zum Putzen.
Auch sonst ist es von großem Nutzen.

2
Die Menschen nehmen es zum Mischen.
Wichtig ist es auch den Fischen.
Früher trieb es Mühlen an.
Heute treibt's manch Kraftwerk an.

3
Manchmal ist es unsichtbar,
am Nordpol ist es fest sogar.
Im Sommer kühlt es uns Getränke,
im Herbst, da macht es Schleierbänke.

4
Tauchen, planschen und auch segeln
würd es ohne es nicht geben.
Manchmal bildet's kleine Tropfen,
die dann an die Fenster klopfen.

5
Was kann dieses Ding nur sein?
Es höhlte schon so manchen Stein.
Zum Tragen muss man es verpacken.
Wer kann nun dieses Rätsel knacken?

1 Was ist die gesuchte Lösung? Wasser

2 Suche die Reimwörter an den Zeilenenden. Kreise diese Reimpaare in der gleichen Farbe ein.

Das ist ein Reimpaar.

3 Unterstreiche im Text die Jahreszeiten.

4 Wie oft kommt das Wörtchen „es“ im Gedicht vor? Tipp: Kreise alle „es“ ein!

15-mal

5 In welcher Zeile verbergen sich die gesuchten Begriffe?

	Zeile	Zeile
Regen	15	16
Eis	10	
Nebel	12	
Wassersport	13	
Eiswürfel	11	
Wasserantrieb	7	8

Wörterspaß

Samara denkt sich gerne lustige Spiele aus. Eines Abends darf ihre Freundin Laura bei ihr übernachten. Als die beiden im Bett liegen, meint Samara: „Das ist keine Bettdecke, das ist eine Pfanne!“

Laura macht kichernd mit: „Und das da an der Zimmerdecke ist keine Lampe, sondern eine Sauna.“

Die beiden Freundinnen erfinden weiter: „Die Bücher im Regal sind in Wirklichkeit Salatblätter.“

„Und Brot heißt eigentlich Teppich.“

„Und Käse bedeutet Spülmittel und die Küche ist eigentlich die Geisterbahn.“

„Herr Müller von nebenan heißt eigentlich Vogelscheuche“, spinnt Laura weiter.

Da meint Samara plötzlich: „Von dem ganzen Herumblödeln habe ich richtig Hunger bekommen. Komm lass uns in die Geisterbahn gehen und noch Teppich mit Spülmittel essen.“

Ihre Freundin erwidert: „Einverstanden. Und anschließend schlüpfen wir wieder unter unsere Pfannen und lesen noch ein bisschen in den Salatblättern. Und du musst am Schluss die Sauna ausmachen!“

1 Was meinen die Mädchen wirklich? Ergänze die Lücken.

Komm lass uns in die Küche gehen und noch Brot mit Käse essen.

Und anschließend schlüpfen wir wieder unter unsere Bettdecken und lesen noch ein bisschen in den Büchern.

Und du musst am Schluss die Lampe ausmachen!

Fehlersuche

1 In jedem Text verstecken sich 3 Fehler. Unterstreiche die unpassenden Wörter.

Beispiel:
Mit meinen Ohren kann ich <u>schmecken</u>.

Der Fuchs

Eines der bekanntesten Tiere ist bei uns der Fuchs, auch wenn man ihn selten zu Gesicht bekommt.
Sein Fell ist rötlich-braun und <u>getupft</u>.
Füchse können schnell laufen und <u>tief</u> springen.
Die Tiere ernähren sich überwiegend von Mäusen.
Sie fressen aber auch Hühner, Gänse und <u>Spitzer</u>, wenn sie sie erwischen.
Immer wieder durchstöbern Füchse inzwischen auch Abfälle aus den Haushalten der Menschen.

Der Dachs

Er lebt in beinahe ganz Europa überwiegend in Wäldern, manchmal aber auch in <u>Kühlschränken</u>.
Das Tier wird bis zu 90 Zentimetern <u>schwer</u> und wiegt bis zu 20 Kilogramm.
Sein Fell ist unten schwarz und oben silbergrau.
Er hat kleine, <u>grüne</u> Ohren. Das Gesicht ist weiß, seitlich befindet sich jeweils ein schwarzer Streifen.
Der Dachs ist ein Allesfresser, das heißt er ernährt sich von Pflanzen und von tierischer Nahrung.

Wie Rübezahl zu seinem Namen kam

Einst beherrschte ein Berggeist die Wälder des Riesengebirges.
Er lebte sehr zurückgezogen und fühlte sich oft einsam und verlassen.
Einmal stieg er ins Tal hinunter. Da sah er die hübsche Tochter des Königs, die mit ihren Freundinnen im Teich planschte.
„Ich will nicht mehr alleine sein“, dachte der Berggeist, „Dieses Mädchen könnte mir die Einsamkeit vertreiben.“
Als sich das Mädchen ein wenig von den anderen entfernte um reife Beeren zu kosten, trat er aus dem Dickicht vor sie hin.
Bei seinem Anblick fiel die Prinzessin in Ohnmacht.
Der Geist fing sie auf und entführte sie in sein Reich.
Als sie erwachte, hatte er sich in einen jungen, hübschen Mann verwandelt.
Er kniete vor ihr nieder und bat sie, seine Frau zu werden.
Die Prinzessin aber, die zurück zu ihrem Vater wollte, meinte listig: „Erst wenn du mir die genaue Anzahl der Rüben auf deinem Feld nennen kannst, will ich dich heiraten!“
Sofort machte sich der Berggeist an die Arbeit. Ganz ins Zählen vertieft, bemerkte er nicht, dass seine Liebste heimlich einige Rüben herauszog, versteckte und dann eilig ins Dorf hinabfloh.
Der Berggeist zählte noch ein zweites Mal und tatsächlich – jetzt kam ein anderes Ergebnis heraus.
Als er schließlich die richtige Anzahl errechnet hatte, lief er ins Haus.
Dort bemerkte er den Betrug und weinte bitterlich.
Im ganzen Land erzählte man sich nun die Geschichte von diesem Dummkopf, der so leicht überlistet worden war.
Fortan trug er deshalb den Spottnamen „Rübenzähler“ oder kurz „Rübezahl“.

(nach Johann Karl August Musäus)

1 Hier haben sich 11 Wörter zu viel eingeschlichen. Streiche sie durch.

Einst beherrschte ein ~~alter~~ Berggeist die Wälder des Riesengebirges.
Er lebte sehr zurückgezogen und fühlte sich oft einsam und ~~ganz~~ verlassen.
Einmal stieg er ins Tal hinunter. Da sah er die hübsche Tochter des Königs, die mit ihren Freundinnen im Teich planschte.
„Ich will nicht mehr alleine sein“, dachte der Berggeist, „Dieses ~~schöne~~ Mädchen könnte mir die Einsamkeit vertreiben.“
Als sich das Mädchen ein wenig von den anderen entfernte um reife Beeren zu kosten, trat er ~~schnell~~ aus dem Dickicht vor sie hin.
Bei seinem Anblick fiel die Prinzessin ~~sofort~~ in Ohnmacht.
Der Geist fing sie auf und entführte sie in sein Reich.
Als sie erwachte, hatte er sich in einen jungen, hübschen Mann verwandelt.
Er kniete vor ihr nieder und bat sie, seine ~~geliebte~~ Frau zu werden.
Die Prinzessin aber, die zurück zu ihrem Vater wollte, meinte listig: „Erst wenn du mir die genaue Anzahl der ~~vielen~~ Rüben auf deinem Feld nennen kannst, will ich dich heiraten!“
Sofort machte sich der Berggeist an die Arbeit. Ganz ins Zählen vertieft, bemerkte er ~~aber~~ nicht, dass seine Liebste heimlich einige Rüben herauszog, versteckte und dann eilig ins Dorf hinabfloh.
Der Berggeist zählte ~~dann~~ noch ein zweites Mal und tatsächlich – jetzt kam ein anderes Ergebnis heraus.
Als er schließlich die richtige Anzahl errechnet hatte, lief er ins ~~nahe~~ Haus.
Dort bemerkte er ~~gleich~~ den Betrug und weinte bitterlich.
Im ganzen Land erzählte man sich nun die Geschichte von diesem Dummkopf, der so leicht überlistet worden war.
Fortan trug er deshalb den Spottnamen „Rübenzähler“ oder kurz „Rübezahl“.

(nach Johann Karl August Musäus)

Verdrehter Tag

Lukas sprang aus dem Bett. Er fragte seine Mutter: „Was machen wir heute?“ Seine Mutter antwortete: „Das, was wir immer tun. Zuerst müssen wir die Zähne putzen, uns anziehen und frühstücken. Dann gehst du in die Schule und ich zur Arbeit. Schließlich essen wir zu Mittag. Anschließend machst du Hausaufgaben, danach spielst du. Später gibt es das Abendessen, du darfst noch ein bisschen fernsehen, putzt dir die Zähne, ziehst dich um und gehst ins Bett.“

„Wie langweilig“, sagte Lukas, „lass uns doch morgen einmal alles anders machen.“ „Also gut“, willigte seine Mutter ein.

Am nächsten Tag wachte Lukas auf und erledigte noch im Bett die Hausaufgaben. Danach gab es das Mittagessen: Fleisch und Pommes um sieben Uhr am Morgen. Anschließend sah Lukas ein bisschen fern und spielte mit seinen Autos.

Der Lehrer rief an, wo er denn bleibe. Da sagte Lukas, dass er schon noch zur Schule gehen würde. Das tat er auch nach dem Abendessen um zwölf Uhr mittags. Als Lukas im Schlafanzug in die Schule ging, liefen die anderen Kinder gerade nach Hause. So saß Lukas den ganzen Nachmittag allein im Klassenzimmer. Also putzte er sich dort erst mal die Zähne. Er putzte sich gleich zweimal die Zähne. Dann war er Lehrer und Schüler gleichzeitig, das war ganz schön schwierig.

Nachdem er um sechs Uhr am Abend wieder zu Hause war, frühstückte er. Schließlich zog er sich Unterwäsche, Hose, Pulli, Socken und Schuhe an und legte sich so ins Bett. Als die Mutter abends an sein Bett kam, meinte er: „Ich glaube, morgen machen wir wieder alles ganz normal. Das ist doch besser.“

① **Was tut Lukas an einem „normalen“ Tag? Unterstreiche im Text.**

② **Was macht Lukas an dem „verdrehten“ Tag? Nummeriere in der richtigen Reihenfolge.**

Das kann dir helfen: Nummeriere erst im Text, was nacheinander passiert.

- 7 Zähne putzen
- 9 umziehen
- 8 frühstücken
- 6 in die Schule gehen
- 2 zu Mittag essen
- 1 Hausaufgaben machen
- 4 spielen
- 5 zu Abend essen
- 3 fernsehen
- 10 ins Bett gehen

③ **Was möchte Lukas am Ende des verdrehten Tages? Kreuze die richtige Antwort an.**

☐ Er möchte noch mal einen verdrehten Tag erleben.

☒ Er hält den normalen Tagesablauf für besser.

4 **Wie ist Lukas Mutter? Kreuze an.**

☐ faul ☒ verständnisvoll ☐ streng

Haustiere

In der Klasse 2a sprechen die Kinder über Haustiere.
Drei Jungen und zwei Mädchen halten je einen Hund.
Sofia, Max und Elias haben jeweils einen Hamster.
Fünf weitere Kinder haben je eine Katze.
Vier Kinder halten jeweils zwei Vögel als Haustiere.
Von den Zwillingen Lena und Hanna besitzt jede einen Hasen.
Drei Kinder besitzen zusammen sechs Meerschweinchen.
Nur zwei Kinder haben kein Haustier.

① **Wie viele Kinder haben ein Haustier?** 22 Kinder

② **Wie viele Kinder haben kein Haustier?** 2 Kinder

③ **Wie viele Kinder haben einen Hund?** 5 Kinder

④ **Wie viele Kinder haben einen Hasen?** 2 Kinder

⑤ **Wie viele Vögel gibt es in der Klasse?** 8 Kinder

⑥ **Wie viele Kinder sind in der Klasse 2a?** 24 Kinder

7 **Zeichne ein Schaubild.**

Haustiere der Klasse 2a

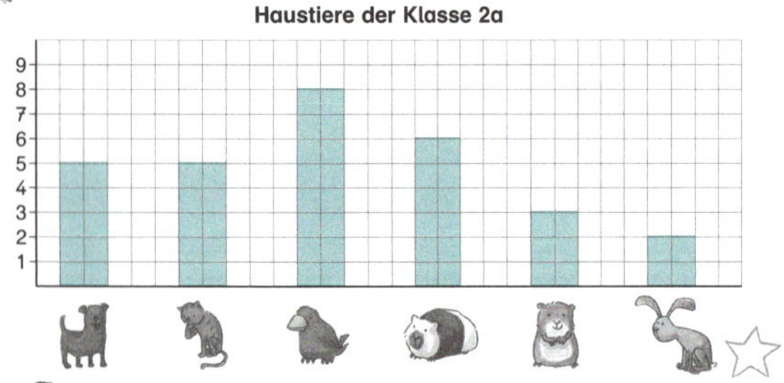

Das Legoturm-Unglück

① **Lies die Geschichte und male die Steine richtig ins Bild.**

Kai hat einen Turm aus Legosteinen gebaut. Er hat fünf weiße, vier gelbe, sechs rote, fünf blaue, vier schwarze und acht grüne Steine verbaut. „Fertig!“, ruft er voller Freude. In diesem Moment stürmt Hund Fridolin herein und purzelt mitten in den Turm. Die Steine fliegen in alle Himmelsrichtungen.
Ein weißer und ein roter Stein segeln auf den Fernseher. Zwei gelbe Steine knallen auf das Fensterbrett. Zwei blaue und zwei schwarze Steine landen in der Obstschale. Vier grüne Steine plumpsen daneben auf den Wohnzimmertisch. Die restlichen Steine liegen auf dem Teppich verteilt.

Kais Turm bestand aus 32 Steinen. Jetzt liegen 4 weiße, 2 gelbe, 5 rote, 3 blaue, 2 schwarze und 4 grüne Steine auf dem Teppich.

☐ weiß ☐ gelb ☐ rot ☐ blau ■ schwarz ☐ grün

Die Höhle des Löwen

1 Es war einmal ein alter Löwe. Er war zu schwach, um noch erfolgreich auf die Jagd zu gehen. Deshalb suchte er sich eine Höhle. Dort legte er sich hinein und jammerte: „Ich kann nicht mehr richtig jagen, nicht einmal mehr brüllen kann ich! Ich bin ja so schwach!“

2 Den anderen Tieren tat der König der Tiere sehr leid. Eines nach dem anderen kam, um den Löwen zu besuchen. Manche erschienen aus Mitleid, andere waren einfach neugierig und einige sogar eher schadenfroh. Sie wollten dem Alten beim Sterben zuschauen. Aber kaum hatte ein Tier die Höhle betreten, schnappte es sich der betagte Löwe und verspeiste eines nach dem anderen. Ihm ging es nun besser als je zuvor.

3 Eines Tages kam der Fuchs zu Besuch. Er blieb vor der Höhle stehen. Der Löwe jammerte. „Komm doch herein. Ich bin zu schwach um dir entgegenzugehen. Erzähle mir eine Geschichte zur Ablenkung, mit mir geht es zu Ende!“

4 Der Fuchs aber erwiderte: „Ich bleibe lieber hier draußen und warte, bis dich deine anderen Besucher verlassen haben. Denn ich sehe zwar eine Menge Tierspuren in deine Höhle hineinführen, aber keine einzige kommt wieder heraus.“

(nach Äsop)

Eine Fabel ist eine Geschichte, in der Tiere sprechen können. Aus Fabeln kann man etwas lernen.

(1) **Wie wird der Löwe in der Fabel noch genannt?**

König der Tiere

(2) **Kreuze richtige Behauptungen an.**

- ☐ Der Löwe ist stark und kräftig.
- ☒ Der Fuchs wartet vor der Höhle.
- ☐ Auch der Fuchs geht in die Höhle.
- ☒ Fußspuren führen hinein.
- ☐ Der Löwe ist zu faul zum Jagen.
- ☒ Viele Tiere gehen in die Höhle.
- ☐ Fußspuren führen hinaus.
- ☒ Der Löwe jammert.
- ☐ Der Fuchs stellt sich krank.
- ☐ Alle Tiere haben Angst.

(3) **Warum konnte der Löwe in dieser Geschichte den Fuchs nicht verspeisen? Streiche falsche Behauptungen durch.**

- ~~Weil der Fuchs zu schnell ist.~~
- ~~Weil der Fuchs dem Löwen entwischt ist.~~
- Weil der Fuchs klüger ist, als der Löwe meint.
- Weil der Fuchs sich nicht überreden lässt.

4 **Ordne diese Überschriften den Absätzen im Text zu. Verbinde richtig.**

Absatz 1	Mitleidige Besucher
Absatz 2	Ein Löwe wird alt
Absatz 3	Der schlaue Fuchs
Absatz 4	Der Überredungsversuch

(Verbunden: Absatz 1 – Ein Löwe wird alt; Absatz 2 – Mitleidige Besucher; Absatz 3 – Der Überredungsversuch; Absatz 4 – Der schlaue Fuchs)

Kein schweinischer Diebstahl

„Du meine Grütze!“, rief Grunzi Grob, „Was ist denn das?“
Spitzi Stachelus, der Igel, hatte einen Goldklumpen gefunden und hielt ihn stolz in den Pfoten. Er schmunzelte, weil das Schwein immer „Du meine Grütze!“ statt „Du meine Güte!“ sagte.
„Holterdipolter!“, muhte Stieri Stur. Er rief laut: „Echtes Gold!“
„Nein so was, nein so was, nein so was“, wieherte Nasi Nüster, „So was hab ich noch nie gesehen!“
„Abrakadabra!“ meinte Susi Schnurr. Die Katze sprach immer einen Zauberspruch, ehe sie etwas sagte. „So einen Goldklumpen hätte ich auch gerne.“
Der Bär Bodo Blutwurst schüttelte sich und rief dabei wie immer: „Brr, brr!“ Dann meinte er: „Gold macht auch nicht glücklich!“
Gregor Gänserich flatterte mit seinen weißen Flügeln. Bestimmt sagte er gleich wieder „Ja, aber“. Doch nein, er blieb still und bewunderte nur den goldenen Stein.
Mia Mu hingegen piepste dreimal und fragte dann: „Darf ich ihn mal beschnuppern?“
Spitzi Stachelus ließ die Maus schnuppern.
„Und riecht es und ist es schön und gefällt es dir und darf ich auch schnuppern?“, fragte der Hund Wauwi aufgeregt.
Er durfte schnuppern, aber der Stein roch nach nichts.
Der Igel setzte sich auf einen Felsen. Dann betrachtete er lange seinen Goldklumpen. Er hatte ihn im Fluss gefunden.
Welch ein Glück!

Bald saß Spitzi Stachelus alleine da. Er ging mit seinem Gold nach Hause. Plötzlich hörte er hinter einer Mauer Stimmen.

(1) **Wer spricht jeweils? Schreibe das Tier zur Sprechblase.**

(2) **Was hat eines der Tiere vor?**

Es will den Goldklumpen stehlen.

3 **Passt die Überschrift zur Geschichte?**

- ☐ Nein, weil das Schwein dem Igel das Gold nehmen will.
- ☒ Ja, weil das Schwein einen Diebstahl verhindert.

Zaubertrick: Wie steigt man durch ein Blatt Papier?

① **Die einzelnen Schritte der Bastelanleitung sind durcheinandergeraten. Nummeriere in der richtigen Reihenfolge.**

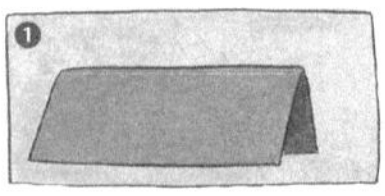

2 Schneide etwa einen Zentimeter von den Blatträndern entfernt an beiden Seiten von der Knickkante bis fast zur anderen Seite ein.

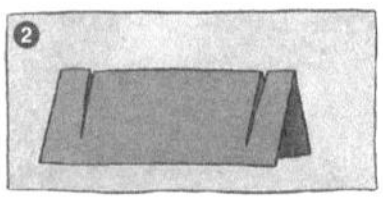

4 Schneide abwechselnd von unten und oben bis knapp vor das Blattende ein.
Achtung! Nicht durchschneiden!

1 Falte das Blatt Papier der Länge nach.

5 Ziehe das zerschnittene Blatt vorsichtig auseinander.

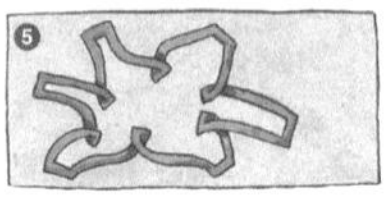

6 Jetzt kannst du durch den entstandenen Papierring steigen.

3 Schneide nun die Knickkante zwischen den beiden Einschnitten auf.

(1) **Was hat der Dieb gestohlen?** Eine ______________________________

(2) **Wer sah sich was an? Verbinde Person und Schmuckstück.**

junge Frau	silberner Ring
Mädchen	Edelsteinkette
Junge	Goldkette
altes Ehepaar	Silberkette
junger Mann	goldener Ring

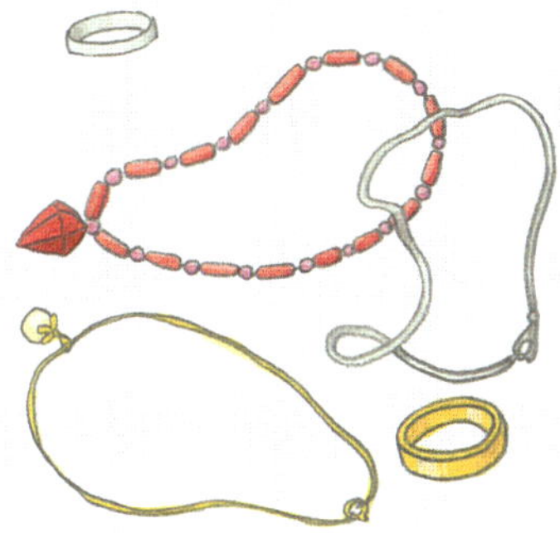

(3) **Wie sah der Dieb aus? Zeichne sein Gesicht.**

> Wo wird der Dieb im Text beschrieben? Suche zuerst die Stelle. Unterstreiche sie und zeichne dann.

(4) **Welche Person kommt** nicht **in der Geschichte vor? Streiche sie durch.**

Liebe Sabine!

Vielen Dank, dass du mir vor einigen Woche einen Brief geschrieben hast. Sicher wartest du schon auf meine ntwort. Ich wollte dir eigentlich schon vor langer Zei auf deinen Brief antworten. Leide war das aber schwierig.

Ich muss dir nämlich erzähl, dass sich bei uns ein unheimliches Monster herumtreibt. Es möchte ni, dass ich dir Brie schreibe. Deshalb tropft es dauernd Tinte auf dieses Blatt. Eigentlich würde ich dir gerne jede Wo einen Br schreiben, aber das böse Klecksmons verhindert das. Sieh nur, was es anstt!

Sobald ich zu schr anfange, tropft es über mein Bla. Deshalb sind jet lauter Kleckse auf meinem Br.

Ich weiß nicht, warum es das ma. Viell mag es nicht, dass ich so viele Briefe be. Schreiben ist ja auch ganz schön strengend! Viel leichter ist es mitein er zu fonieren. Deshalb werde ich ab heute k ne Br e mehr sch. Ich ho, du verstehst das!

Liebe Grüße und bis bald am Telefon!

Deine Tanja

1 **Verbessere den Brief.**

Jeder Tintenklecks verdeckt immer einen Buchstaben.

Liebe Sabine!

Vielen Dank, dass du mir vor einigen Woche_____ einen Brief

geschrieben hast. Sicher wartest du schon auf meine _____ntwort.

Ich wollte dir eigentlich schon vor langer Zei_____ auf deinen Brief

antworten. Leide_____ war das aber schwierig.

Ich muss dir nämlich erzähl_____, dass sich bei uns

ein unheimliches Monster herumtreibt. Es möchte ni_____,

dass ich dir Brie_____ schreibe. Deshalb tropft es dauernd Tinte

auf dieses Blatt. Eigentlich würde ich dir gerne jede Wo_____

einen Br_____ schreiben, aber das böse Klecksmons_____

verhindert das. Sieh nur, was es anst_____t!

Sobald ich zu schr_____ anfange, tropft es über mein Bla_____.

Deshalb sind jet_____ lauter Kleckse auf meinem Br_____.

Ich weiß nicht, warum es das ma_____. Viell_____ mag es nicht,

dass ich so viele Briefe _____be. Schreiben ist ja auch

ganz schön _____strengend! Viel leichter ist es mitein_____er

zu _____fonieren. Deshalb werde ich ab heute k_____ne Br_____e

mehr sch_____. Ich ho_____, du verstehst das!

Liebe Grüße und bis bald am Telefon!

Deine Tanja

❶ Tiere in der freien Natur verbringen den Winter auf unterschiedliche Weise. Man unterscheidet zwischen winteraktiven Tieren, Winterschläfern, Winterruhern und Tieren in Winterstarre.

❷ Beim Winterschlaf fallen die Tiere in einen ganz tiefen Schlaf. Sie ernähren sich in dieser Zeit von ihren „Fettreserven“, also sozusagen von einer dicken Schicht Winterspeck, die sie sich angefuttert haben. Damit sie nicht so viel Energie verbrauchen und den langen Winter über durchhalten, senken sie ihre Körpertemperatur herunter. Auch das Herz schlägt weniger oft, sie atmen kaum.

❸ Bei der Winterruhe bleibt die Körpertemperatur der Tiere gleich. Sie zehren zwar auch von ihrem Fettpolster, wachen aber immer wieder auf. Dann futtern sie von angelegten Vorräten und scheiden Urin und Kot ab. Wenn Gefahr droht, wachen Winterruher auf. Sie können dann, weil sie ihre normale Körpertemperatur behalten und so beweglich sind, sofort flüchten.

❹ Tiere, die während des Jahres immer die gleiche Körpertemperatur wie ihre Umgebung besitzen, fallen in die sogenannte Winterstarre. Das heißt sie suchen sich rechtzeitig ein Versteck, in dem sie vor Frost geschützt sind. An diesem Ort bleiben sie den ganzen Winter bewegungslos und wie erstarrt. Sobald die Außentemperatur steigt, erwachen sie wieder aus ihrer Starre.

❺ Winteraktive Tiere ziehen sich nicht zurück. Sie leben im Winter ganz normal weiter und müssen fressen und trinken, um zu überleben.

1 **Ordne den Absätzen zu, wovon sie handeln. Verbinde richtig.**

Absatz 1	Winterruher
Absatz 2	Winterschläfer
Absatz 3	Tiere im Winter
Absatz 4	winteraktive Tiere
Absatz 5	Tiere in Winterstarre

2 **Welches Tier überlebt wie den Winter? Schreibe in die Kreise.**

Winterschlaf: 1   Winterruhe: 2   Winterstarre: 3   winteraktiv: 4

Rehe streifen durch den Wald. Sie suchen nach Nahrung. Oft treibt sie der Hunger bei Schnee auch auf Felder und Wiesen.

Der Fuchs bekommt ab Herbst ein dichteres, wärmeres Fell. Er lebt im Winter genau so wie in den anderen Jahreszeiten.

Der Dachs liegt im Winter oft tagelang in seinem Bau. Manchmal wacht er auf und sucht sich Futter.

Im Winter kühlt der Frosch zusammen mit der Lufttemperatur und der Wassertemperatur ab. Seine Muskeln werden ganz fest und steif.

Der Igel schläft den ganzen Winter in seinem Nest. Er lebt von seiner Speckschicht. Sein Herzschlag und seine Atmung sind ganz langsam. Seine Körpertemperatur sinkt.

Fledermäuse suchen sich eine Höhle. Dort hängen sie von der Decke und schlafen den ganzen Winter über tief und fest.

1 **Lies dir die Schlangensätze zuerst einmal genau durch. Alles, was du machen musst, steht in dem Text.**

d i e s e r t e x t i s t e i n b i s s c h e n s e l t s a m

e r b e s t e h t a u s l a u t e r k l e i n e n b u c h s t a b e n

a u ß e r d e m f e h l e n d i e s a t z z e i c h e n

l i e s i h n b i t t e g r ü n d l i c h d u r c h d u l e r n s t h i e r

g e n a u u n d k o n z e n t r i e r t z u l e s e n

d e i n e a u f g a b e i s t e s , d i e e i n z e l n e n w ö r t e r

d u r c h s e n k r e c h t e b l e i s t i f t s t r i c h e z u

t r e n n e n

m a c h e n a c h j e d e m s a t z e i n e n d i c k e n p u n k t

w e n n d u a c h t p u n k t e g e m a c h t h a s t , h a s t d u

a l l e s ä t z e g e f u n d e n

Grünhausener Tageblatt

Wetterbericht vom 5.3.

Ein erster Anflug von Frühling! Heute klettern die Temperaturen tagsüber auf bis zu 15 Grad. Der Himmel ist klar, es weht ein leichter Wind aus westlicher Richtung. Gegen Abend ziehen wieder ein paar Wolken auf.

Frosch-Kanal

Wetter am 16.4.

Heute echtes Aprilwetter! Es wird einen Mix aus Sonne, Regen und Wind geben. Auch Hagel ist in einigen Teilen Deutschlands zu erwarten. Die Temperaturen erreichen kaum über 10 Grad.

Kröten-Kurier

Wettervorhersage für den 26.4.

Trotz überwiegenden Sonnenscheins muss mit starken Windböen gerechnet werden. Der Tag beginnt jedoch leicht neblig. Im Norden ist es mit bis zu 14 Grad freundlicher als im Süden Deutschlands.

Teich-Radio

Unser Wetter, 1.5.

Es ziehen am Vormittag Schauer durch das gesamte Sendegebiet. Am Nachmittag beruhigt sich das Wetter. Einzelne sonnige Abschnitte bei bis zu 18 Grad sind möglich. In der Nacht wird es sternenklar sein.

1. An welchem Tag muss man mit Hagel rechnen? ____________

2. An welchem Tag gibt es starke Windböen? ____________

3. Welches ist der wärmste Tag? ____________

4. An welchem Tag sieht man die Sterne? ____________

5. An welchem Tag ist mit Nebel zu rechnen? ____________

6. Woher stammt der Wetterbericht vom März?

____

Monika saß mit Mutter und Vater beim Abendbrot.
„Stellt euch vor, wen ich heute gesehen habe“, sagte die Mutter.
Vater und Monika sahen sich fragend an.
„Den alten Tom“, erzählte Mutter.

Tom war eigentlich ein netter Kerl. Aber er war vor einiger Zeit aus der Stadt verschwunden, weil man ihm nachsagte, er hätte eine Bank überfallen. Da hielt er es für besser, einige Zeit die Stadt zu verlassen. Niemand rechnete damit, dass er eines Tages wieder zurückkommen würde.
Monikas Mama meinte nun: „Als ich Tom sah, hat mich echt der Blitz getroffen.“
Monika dachte sich: „Der Blitz hatte Mama getroffen? Und da lebt sie noch? Das ist ja ein richtiges Wunder!“

Ein paar Tage später ging Monika von der Schule nach Hause.
Plötzlich stand Tom vor ihr. Monika erschrak fürchterlich.
Sie schloss die Augen und hob die Arme schützend vor ihr Gesicht.
„Aber Kind!“, lachte Tom, „Du brauchst doch keine Angst vor mir zu haben!“
Vorsichtig blickte Monika zum Himmel. Sie war erstaunt.
Obwohl sie Tom getroffen hatte, schien immer noch die Sonne und der Himmel war blau.

1 **Wovor hatte Monika Angst, als sie Tom traf? Kreuze an.**

☐ Sie hatte Angst, dass Tom einen Diebstahl begehen würde.

☐ Sie hatte Angst, dass sie der Blitz treffen würde.

☐ Sie hatte Angst, dass Tom ihr etwas antun würde.

2 **Was dachte sich Monika, nachdem die Mutter von ihrer Begegnung erzählt hatte? Unterstreiche im Text.**

3 **Was meinte die Mutter mit dem Ausspruch „Mich hat der Blitz getroffen"?**

☐ dass sie total überrascht war

☐ dass sie in ein Gewitter geraten war

☐ dass sie schreckliche Angst hatte

4 **Was sagte Tom zu Monika?**

___

___

5 **Wie war das Wetter, als Monika Tom traf? Male.**

1 Beim Ferienlager der Pfadfinder gibt es jeden Tag ein besonderes Programm. Die Kinder schreiben im Laufe der Woche Postkarten an ihre Eltern, Großeltern und Freunde.
Schreibe auf jede Postkarte, um welchen Wochentag es sich handelt.

Montag	Dienstag	Mittwoch	Donnerstag	Freitag
Ankunft	Schnitzeljagd	Lagerfeuer	Naturkunst	Besuch

____

… Wir haben den ganzen Tag trockenes Holz gesucht und aufgeschichtet. Unsere Betreuer haben uns gezeigt, wie man ohne Streichhölzer im Wald ein Feuer machen kann. …

____

… Wir haben uns fast im Wald verirrt, so schwierig war der ausgelegte Weg. Am Ende gab es einen Preis für die schnellste Gruppe. …

____

… Wir haben uns zuerst in unseren Zelten eingerichtet. Dann gab es eine Führung über das Gelände, damit sich auch jeder bald gut auskennt. …

____

… Wir haben eine Ausstellung mit den in dieser Woche hergestellten Dingen gemacht. Außerdem gab es Spiele mit Erwachsenen und Kindern und ein tolles Essen. …

____

… Wir haben aus Naturmaterialien Mandalas gelegt. Eine Gruppe hat Traumfänger aus Ästen und Schnüren hergestellt. Eine andere Gruppe hat Steinskulpturen gebaut. …

1 Ordne jedem Wort die passende Abkürzung zu.

Telefon	Tel.	Meter	______
Absender	______	Adresse	______
Gramm	______	zum Beispiel	______
Millimeter	______	geboren	______
das heißt	______	Nummer	______
Kilogramm	______	katholisch	______
Doktor	______	Minute	______
Liter	______	evangelisch	______
Postleitzahl	______	beziehungsweise	______
Zentimeter	______	Straße	______
Seite	______	cirka (ungefähr)	______
Stunde	______	Toilette (Wasserklosett)	______
Bahnhof	______		

Streiche durch, was du bereits zugeordnet hast.

geb.	g	Abs.	mm	Bhf.
cm	S.	Std.	PLZ	Dr.
Str.	kath.	ev.	m	Nr.
z. B.	Min.	WC	bzw.	~~Tel.~~
d. h.	ca.	kg	l	Adr.

Lena saß auf der Terrasse und überlegte, wie sie die Hausaufgabe erledigen sollte.
„Malt drei Tierspuren auf ein Blatt“, hatte Frau Kirna gesagt.
Aber Lena wusste nicht, wie Tierspuren aussahen und welche sie zeichnen sollte. Wenn es Winter gewesen wäre, hätte sie Spuren im Schnee suchen und abmalen können. Doch jetzt im Sommer war das schwierig.

Lena starrte auf ihr leeres Blatt, als plötzlich ein Windstoß kam.
Er nahm das Blatt mit.
„He!“, rief Lena und versuchte es wieder einzufangen.
Der Wind war schneller. Er wirbelte es hoch, bis es schließlich wieder im Hof landete.
Minka, Lenas Katze, tappte mit ihren schmutzigen Pfoten darüber.
„Na bravo!“, stöhnte Lena, „jetzt kann ich das Blatt wegwerfen.“

Sie wollte sich das schmutzige Blatt gerade schnappen, da wehte der Wind es abermals hinfort. Diesmal schwebte es auf eine Wiese.
Lena blieb ganz still. Sie hatte einen Hasen im Gras entdeckt und wollte ihn nicht erschrecken. Doch der Hase hatte sie bereits bemerkt, hoppelte über das Blatt und weiter zu den Büschen.
Schon wieder kam eine frische Brise und nahm das Blatt mit auf die Reise. Diesmal flog es weit. Lena folgte ihm.
Zuletzt blieb es im Wald liegen.

Als Lena das Blatt aufheben wollte, rannte ein Wildschwein auf sie zu.
Das Mädchen erschrak und versteckte sich hinter einem Baum.
Es wusste, dass Wildschweine gefährlich werden konnten.
Das Tier trampelte mit seinen Schlammfüßen über das Blatt und verschwand zwischen den Bäumen. Glück gehabt!
Endlich schnappte sich Lena das Blatt und ging nach Hause.
Sie wollte es schon wegwerfen. Doch dann warf sie noch mal einen Blick auf das Blatt und jubelte: „Meine Hausaufgabe ist erledigt!“

(1) **Was ruft Lena am Ende der Geschichte? Unterstreiche im Text.**

(2) **Wie kam Lena zu ihrer Hausaufgabe? Kreuze an.**

- ☐ Sie hat die Tierspuren rasch aufgezeichnet.
- ☐ Die Tiere haben auf dem Blatt ihre Spuren hinterlassen.
- ☐ Ihr Bruder hat die Hausaufgabe für sie erledigt.

(3) **Welche Tierspuren hat Lena schließlich auf ihrem Blatt? Unterstreiche die passenden Tiere.**

Hund Katze Tiger Hahn Reh Hausschwein

Maus Wildschwein Vogel Hase

(4) **Ordne die Orte den passenden Tieren zu. Vorsicht, es sind auch falsche Tiere und Orte dabei.**

Hund	Hof
Katze	Wald
Hase	Weg
Vogel	Straße
Schwein	Wiese

(5) **Lies Wort für Wort im Text nach. Streiche falsche Sätze durch.**

- Minki, Lenas Katze, tappte mit ihren schmutzigen Pfoten darüber.
- Das Mädchen erschrak und versteckte sich hinter einem Baum.
- Doch jetzt im Sommer war es schwierig.
- Diesmal schwebte es auf die Wiese.

	MO	DI	MI	DO	FR
8.00– 8.45	Mathematik	Musik	–	Deutsch	Sport
8.45– 9.30	Deutsch	Religion	Religion	Mathematik	Sport
9.45–10.30	Sachunterricht	Mathematik	Deutsch	Mathematik	Deutsch
10.30–11.15	Sport	Deutsch	Musik	Englisch	Deutsch
11.30–12.15	Kunst	Sachunterricht	–	Werken	Mathematik
12.15–13.00	–	–	–	Werken	(AG Chor)

1. **Welches Fach hat Timos Klasse am Freitag in der 2. Stunde?**

   ____

2. **Welches Fach kommt am Montag nach Sport?**

   ____

3. **Welches Fach findet am Dienstag und am Donnerstag in der gleichen Stunde statt?** ______________________________

4. **An welchem Tag findet der wenigste Unterricht statt?** ______________

5. **An welchem Tag hat Timo die meisten Stunden, wenn er nicht an der Arbeitsgemeinschaft Chor teilnimmt?** ______________________

6. **Verbinde Fach und passende Abkürzung.**

Mathematik	D		REL	Sport
Deutsch	MA		MUS	Englisch
Sachunterricht	KU		SP	Religion
Kunst	SU		E	Musik

1 Welches Wort musst du beim Antworten besonders betonen? Unterstreiche es. Das unterstrichene Wort in der Frage hilft dir auf die richtige Spur zu kommen.

Beispiel:
„Möchtest du Erdbeeren?" –
„Nein, ich möchte Himbeeren."

- „Habt ihr das Fußballspiel gewonnen?" –
  „Nein, wir haben das Spiel verloren."

- „Warst du mit dem Hund Gassi?" –
  „Nein, Anna war mit dem Hund draußen."
- „Ist das der neue Tennisschläger, der kaputt in der Ecke liegt?" –
  „Nein, das ist der alte Schläger."

- „Hast du heute Klavierunterricht?" –
  „Nein, ich habe morgen Klavierunterricht."
- „Die andere Klasse hatte wohl heute eher aus?" –
  „Nein, unsere Klasse hatte heute eher aus."
- „Hast du gelernt?" – „Nein, ich habe gespielt."
- „Hast du die Fernbedienung verlegt?" –
  „Nein, ich habe die Fernbedienung nicht gehabt.

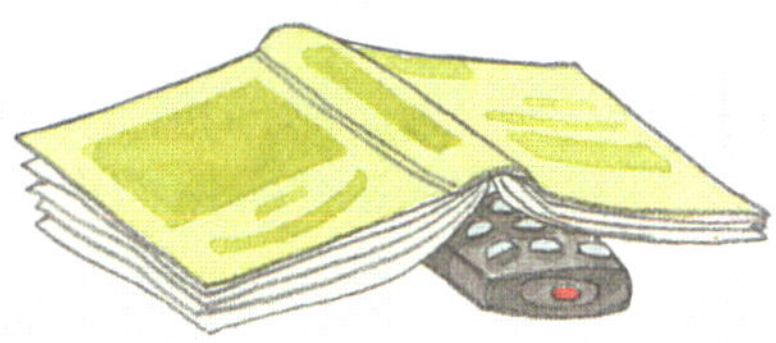

Vorsicht – keine Schlange!

1 Viele Menschen haben Angst, wenn sie ein langes Tier am Boden kriechen sehen. Sie denken, es sei eine Schlange. In Deutschland gibt es aber ein Lebewesen, das aussieht wie eine Schlange, jedoch keine ist. Es handelt sich um die Blindschleiche.

2 Bis zu einem halben Meter lang werden die Männchen. Etwas kürzer sind die Weibchen. Blindschleichen sind trotz ihres Namens nicht blind. Sie haben im Gegensatz zu Schlangen auch bewegliche Augenlider. Der Namensteil „blind“ stammt vom althochdeutschen „plint“. Das heißt „blenden“. Wenn die Blindschleiche in der Sonne liegt, glänzen nämlich ihre Schuppen silbrig-grau und können einen blenden.

3 Die Blindschleiche ist eine Echsenart. Zu den Echsen gehört zum Beispiel auch die Eidechse. Für gewöhnlich haben Echsen Beine. Diese hatte die Blindschleiche früher auch. Sie haben sich aber fast ganz zurückgebildet.

4 Die Blindschleiche hat den Igel, größere Vögel und Schlangen zum Feind. Doch sie hat einen Trick, um dem Tod zu entkommen: Wenn sie Feinde loswerden möchte, wirft sie ihren Schwanz ab. Dieser bewegt sich noch ein bisschen, sodass die Angreifer darauf Jagd machen. Die Blindschleiche macht sich inzwischen davon. Das abgeworfene Hinterteil wächst bei der Blindschleiche aber nicht nach. Leider töten viele Menschen die Blindschleiche aus Angst. Dabei ist das Tier absolut ungefährlich.

(1) **Ergänze den Text.**

- Männliche Blindschleichen werden bis zu ______________ Meter lang.
- Die Blindschleiche und die ______________ gehören zu der Art der Echsen.
- Echsen haben für gewöhnlich ______________, die Blindschleiche hatte diese früher auch.
- Die Augenlider der Blindschleiche sind ______________.
- Die Feinde der Blindschleiche sind ______________, ______________ und ______________.
- Trotz ihres Namens sind Blindschleichen nicht ______________. Der Name Blindschleiche hängt mit dem althochdeutschen Begriff „______________“ zusammen. Dieses Wort heißt ______________. In der Sonne glänzen die ______________ der Blindschleiche silbrig-grau.
- Die Blindschleiche kann ihre Feinde täuschen und ihnen entkommen, indem sie ihren ______________ abwirft.
- Viele Menschen haben Angst vor der Blindschleiche, dabei ist sie absolut ______________.

①
Ohne es gibt es kein Leben.
Kann es Wichtigeres geben?
Dieses Ding braucht man zum Putzen.
Auch sonst ist es von großem Nutzen.

②
Die Menschen nehmen es zum Mischen.
Wichtig ist es auch den Fischen.
Früher trieb es Mühlen an.
Heute treibt's manch Kraftwerk an.

③
Manchmal ist es unsichtbar,
am Nordpol ist es fest sogar.
Im Sommer kühlt es uns Getränke,
im Herbst, da macht es Schleierbänke.

④
Tauchen, planschen und auch segeln
würd es ohne es nicht geben.
Manchmal bildet's kleine Tropfen,
die dann an die Fenster klopfen.

⑤
Was kann dieses Ding nur sein?
Es höhlte schon so manchen Stein.
Zum Tragen muss man es verpacken.
Wer kann nun dieses Rätsel knacken?

① **Was ist die gesuchte Lösung?** ______________________

② **Suche die Reimwörter an den Zeilenenden.**
Kreise diese Reimpaare in der gleichen Farbe ein.

③ **Unterstreiche im Text die Jahreszeiten.**

④ **Wie oft kommt das Wörtchen „es“ im Gedicht vor?**
Tipp: Kreise alle „es“ ein!

____

5 **In welcher Zeile verbergen sich die gesuchten Begriffe?**

	Zeile	Zeile
Regen		
Eis		
Nebel		
Wassersport		
Eiswürfel		
Wasserantrieb		

Samara denkt sich gerne lustige Spiele aus. Eines Abends darf ihre Freundin Laura bei ihr übernachten. Als die beiden im Bett liegen, meint Samara: „Das ist keine Bettdecke, das ist eine Pfanne!"
Laura macht kichernd mit: „Und das da an der Zimmerdecke ist keine Lampe, sondern eine Sauna."
Die beiden Freundinnen erfinden weiter: „Die Bücher im Regal sind in Wirklichkeit Salatblätter."
„Und Brot heißt eigentlich Teppich."
„Und Käse bedeutet Spülmittel und die Küche ist eigentlich die Geisterbahn."
„Herr Müller von nebenan heißt eigentlich Vogelscheuche", spinnt Laura weiter.
Da meint Samara plötzlich: „Von dem ganzen Herumblödeln habe ich richtig Hunger bekommen. Komm lass uns in die Geisterbahn gehen und noch Teppich mit Spülmittel essen."
Ihre Freundin erwidert: „Einverstanden. Und anschließend schlüpfen wir wieder unter unsere Pfannen und lesen noch ein bisschen in den Salatblättern. Und du musst am Schluss die Sauna ausmachen!"

1 Was meinen die Mädchen wirklich? Ergänze die Lücken.

Komm lass uns in die ______________ gehen und noch

______________ mit ______________ essen.

Und anschließend schlüpfen wir wieder unter unsere ______________

und lesen noch ein bisschen in den ______________.

Und du musst am Schluss die ______________ ausmachen!

1 **In jedem Text verstecken sich 3 Fehler.**
Unterstreiche die unpassenden Wörter.

Beispiel:
Mit meinen Ohren kann ich schmecken.

Der Fuchs

Eines der bekanntesten Tiere ist bei uns der Fuchs, auch wenn man ihn selten zu Gesicht bekommt. Sein Fell ist rötlich-braun und getupft. Füchse können schnell laufen und tief springen. Die Tiere ernähren sich überwiegend von Mäusen. Sie fressen aber auch Hühner, Gänse und Spitzer, wenn sie sie erwischen. Immer wieder durchstöbern Füchse inzwischen auch Abfälle aus den Haushalten der Menschen.

Der Dachs

Er lebt in beinahe ganz Europa überwiegend in Wäldern, manchmal aber auch in Kühlschränken. Das Tier wird bis zu 90 Zentimetern schwer und wiegt bis zu 20 Kilogramm. Sein Fell ist unten schwarz und oben silbergrau. Er hat kleine, grüne Ohren. Das Gesicht ist weiß, seitlich befindet sich jeweils ein schwarzer Streifen. Der Dachs ist ein Allesfresser, das heißt er ernährt sich von Pflanzen und von tierischer Nahrung.

Wie Rübezahl zu seinem Namen kam

Einst beherrschte ein Berggeist die Wälder des Riesengebirges.
Er lebte sehr zurückgezogen und fühlte sich oft einsam und verlassen.
Einmal stieg er ins Tal hinunter. Da sah er die hübsche Tochter des Königs,
die mit ihren Freundinnen im Teich planschte.
„Ich will nicht mehr alleine sein“, dachte der Berggeist,
„Dieses Mädchen könnte mir die Einsamkeit vertreiben.“
Als sich das Mädchen ein wenig von den anderen entfernte
um reife Beeren zu kosten, trat er aus dem Dickicht vor sie hin.
Bei seinem Anblick fiel die Prinzessin in Ohnmacht.
Der Geist fing sie auf und entführte sie in sein Reich.
Als sie erwachte, hatte er sich in einen jungen, hübschen Mann verwandelt.
Er kniete vor ihr nieder und bat sie, seine Frau zu werden.
Die Prinzessin aber, die zurück zu ihrem Vater wollte, meinte listig:
„Erst wenn du mir die genaue Anzahl der Rüben auf deinem Feld
nennen kannst, will ich dich heiraten!“
Sofort machte sich der Berggeist an die Arbeit. Ganz ins Zählen vertieft,
bemerkte er nicht, dass seine Liebste heimlich einige Rüben herauszog,
versteckte und dann eilig ins Dorf hinabfloh.
Der Berggeist zählte noch ein zweites Mal und tatsächlich –
jetzt kam ein anderes Ergebnis heraus.
Als er schließlich die richtige Anzahl errechnet hatte, lief er ins Haus.
Dort bemerkte er den Betrug und weinte bitterlich.
Im ganzen Land erzählte man sich nun die Geschichte
von diesem Dummkopf, der so leicht überlistet worden war.
Fortan trug er deshalb den Spottnamen „Rübenzähler“ oder kurz „Rübezahl“.

(nach Johann Karl August Musäus)

**(1) Hier haben sich 11 Wörter zu viel eingeschlichen.
Streiche sie durch.**

Einst beherrschte ein alter Berggeist die Wälder des Riesengebirges.
Er lebte sehr zurückgezogen und fühlte sich oft einsam und ganz verlassen.
Einmal stieg er ins Tal hinunter. Da sah er die hübsche Tochter des Königs,
die mit ihren Freundinnen im Teich planschte.
„Ich will nicht mehr alleine sein", dachte der Berggeist,
„Dieses schöne Mädchen könnte mir die Einsamkeit vertreiben."
Als sich das Mädchen ein wenig von den anderen entfernte
um reife Beeren zu kosten, trat er schnell aus dem Dickicht vor sie hin.
Bei seinem Anblick fiel die Prinzessin sofort in Ohnmacht.
Der Geist fing sie auf und entführte sie in sein Reich.
Als sie erwachte, hatte er sich in einen jungen, hübschen Mann verwandelt.
Er kniete vor ihr nieder und bat sie, seine geliebte Frau zu werden.
Die Prinzessin aber, die zurück zu ihrem Vater wollte, meinte listig:
„Erst wenn du mir die genaue Anzahl der vielen Rüben auf deinem Feld
nennen kannst, will ich dich heiraten!"
Sofort machte sich der Berggeist an die Arbeit. Ganz ins Zählen vertieft,
bemerkte er aber nicht, dass seine Liebste heimlich einige Rüben herauszog,
versteckte und dann eilig ins Dorf hinabfloh.
Der Berggeist zählte dann noch ein zweites Mal und tatsächlich –
jetzt kam ein anderes Ergebnis heraus.
Als er schließlich die richtige Anzahl errechnet hatte, lief er ins nahe Haus.
Dort bemerkte er gleich den Betrug und weinte bitterlich.
Im ganzen Land erzählte man sich nun die Geschichte
von diesem Dummkopf, der so leicht überlistet worden war.
Fortan trug er deshalb den Spottnamen „Rübenzähler" oder kurz „Rübezahl".

(nach Johann Karl August Musäus)

Lukas sprang aus dem Bett. Er fragte seine Mutter: „Was machen wir heute?" Seine Mutter antwortete: „Das, was wir immer tun. Zuerst müssen wir die Zähne putzen, uns anziehen und frühstücken. Dann gehst du in die Schule und ich zur Arbeit. Schließlich essen wir zu Mittag. Anschließend machst du Hausaufgaben, danach spielst du. Später gibt es das Abendessen, du darfst noch ein bisschen fernsehen, putzt dir die Zähne, ziehst dich um und gehst ins Bett."
„Wie langweilig", sagte Lukas, „lass uns doch morgen einmal alles anders machen." „Also gut", willigte seine Mutter ein.

Am nächsten Tag wachte Lukas auf und erledigte noch im Bett die Hausaufgaben. Danach gab es das Mittagessen: Fleisch und Pommes um sieben Uhr am Morgen. Anschließend sah Lukas ein bisschen fern und spielte mit seinen Autos.

Der Lehrer rief an, wo er denn bleibe. Da sagte Lukas, dass er schon noch zur Schule gehen würde. Das tat er auch nach dem Abendessen um zwölf Uhr mittags. Als Lukas im Schlafanzug in die Schule ging, liefen die anderen Kinder gerade nach Hause. So saß Lukas den ganzen Nachmittag allein im Klassenzimmer. Also putzte er sich dort erst mal die Zähne. Er putzte sich gleich zweimal die Zähne. Dann war er Lehrer und Schüler gleichzeitig, das war ganz schön schwierig.

Nachdem er um sechs Uhr am Abend wieder zu Hause war, frühstückte er. Schließlich zog er sich Unterwäsche, Hose, Pulli, Socken und Schuhe an und legte sich so ins Bett. Als die Mutter abends an sein Bett kam, meinte er: „Ich glaube, morgen machen wir wieder alles ganz normal. Das ist doch besser."

① **Was tut Lukas an einem „normalen" Tag? Unterstreiche im Text.**

② **Was macht Lukas an dem „verdrehten" Tag? Nummeriere in der richtigen Reihenfolge.**

_____ Zähne putzen

_____ umziehen

_____ frühstücken

_____ in die Schule gehen

_____ zu Mittag essen

_____ Hausaufgaben machen

_____ spielen

_____ zu Abend essen

_____ fernsehen

_____ ins Bett gehen

③ **Was möchte Lukas am Ende des verdrehten Tages? Kreuze die richtige Antwort an.**

- ☐ Er möchte noch mal einen verdrehten Tag erleben.
- ☐ Er hält den normalen Tagesablauf für besser.

4 Wie ist Lukas Mutter? Kreuze an.

☐ faul ☐ verständnisvoll ☐ streng

Haustiere

In der Klasse 2a sprechen die Kinder über Haustiere.
Drei Jungen und zwei Mädchen halten je einen Hund.
Sofia, Max und Elias haben jeweils einen Hamster.
Fünf weitere Kinder haben je eine Katze.
Vier Kinder halten jeweils zwei Vögel als Haustiere.
Von den Zwillingen Lena und Hanna besitzt jede einen Hasen.
Drei Kinder besitzen zusammen sechs Meerschweinchen.
Nur zwei Kinder haben kein Haustier.

1. **Wie viele Kinder haben ein Haustier?** ______ Kinder
2. **Wie viele Kinder haben kein Haustier?** ______ Kinder
3. **Wie viele Kinder haben einen Hund?** ______ Kinder
4. **Wie viele Kinder haben einen Hasen?** ______ Kinder
5. **Wie viele Vögel gibt es in der Klasse?** ______ Kinder
6. **Wie viele Kinder sind in der Klasse 2a?** ______ Kinder
7. **Zeichne ein Schaubild.**

Haustiere der Klasse 2a

1 Lies die Geschichte und male die Steine richtig ins Bild.

Kai hat einen Turm aus Legosteinen gebaut. Er hat fünf weiße, vier gelbe, sechs rote, fünf blaue, vier schwarze und acht grüne Steine verbaut. „Fertig!“, ruft er voller Freude. In diesem Moment stürmt Hund Fridolin herein und purzelt mitten in den Turm. Die Steine fliegen in alle Himmelsrichtungen.

Ein weißer und ein roter Stein segeln auf den Fernseher. Zwei gelbe Steine knallen auf das Fensterbrett. Zwei blaue und zwei schwarze Steine landen in der Obstschale. Vier grüne Steine plumpsen daneben auf den Wohnzimmertisch. Die restlichen Steine liegen auf dem Teppich verteilt.

Kais Turm bestand aus ______ Steinen. Jetzt liegen ______ weiße, ______ gelbe, ______ rote, ______ blaue, ______ schwarze und ______ grüne Steine auf dem Teppich.

1 Es war einmal ein alter Löwe. Er war zu schwach, um noch erfolgreich auf die Jagd zu gehen. Deshalb suchte er sich eine Höhle. Dort legte er sich hinein und jammerte: „Ich kann nicht mehr richtig jagen, nicht einmal mehr brüllen kann ich! Ich bin ja so schwach!"

2 Den anderen Tieren tat der König der Tiere sehr leid. Eines nach dem anderen kam, um den Löwen zu besuchen. Manche erschienen aus Mitleid, andere waren einfach neugierig und einige sogar eher schadenfroh. Sie wollten dem Alten beim Sterben zuschauen.
Aber kaum hatte ein Tier die Höhle betreten, schnappte es sich der betagte Löwe und verspeiste eines nach dem anderen. Ihm ging es nun besser als je zuvor.

3 Eines Tages kam der Fuchs zu Besuch. Er blieb vor der Höhle stehen. Der Löwe jammerte. „Komm doch herein. Ich bin zu schwach um dir entgegenzugehen. Erzähle mir eine Geschichte zur Ablenkung, mit mir geht es zu Ende!"

4 Der Fuchs aber erwiderte: „Ich bleibe lieber hier draußen und warte, bis dich deine anderen Besucher verlassen haben. Denn ich sehe zwar eine Menge Tierspuren in deine Höhle hineinführen, aber keine einzige kommt wieder heraus."

(nach Äsop)

① **Wie wird der Löwe in der Fabel noch genannt?**

____

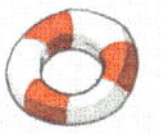

② **Kreuze richtige Behauptungen an.**

☐ Der Löwe ist stark und kräftig.
☐ Der Fuchs wartet vor der Höhle.
☐ Auch der Fuchs geht in die Höhle.
☐ Fußspuren führen hinein.
☐ Der Löwe ist zu faul zum Jagen.
☐ Viele Tiere gehen in die Höhle.
☐ Fußspuren führen hinaus.
☐ Der Löwe jammert.
☐ Der Fuchs stellt sich krank.
☐ Alle Tiere haben Angst.

③ **Warum konnte der Löwe in dieser Geschichte den Fuchs nicht verspeisen? Streiche falsche Behauptungen durch.**

- Weil der Fuchs zu schnell ist.
- Weil der Fuchs dem Löwen entwischt ist.
- Weil der Fuchs klüger ist, als der Löwe meint.
- Weil der Fuchs sich nicht überreden lässt.

4 **Ordne diese Überschriften den Absätzen im Text zu. Verbinde richtig.**

Absatz 1	Mitleidige Besucher
Absatz 2	Ein Löwe wird alt
Absatz 3	Der schlaue Fuchs
Absatz 4	Der Überredungsversuch

„Du meine Grütze!“, rief Grunzi Grob, „Was ist denn das?“
Spitzi Stachelus, der Igel, hatte einen Goldklumpen gefunden und hielt ihn stolz in den Pfoten. Er schmunzelte, weil das Schwein immer „Du meine Grütze!“ statt „Du meine Güte!“ sagte.
„Holterdipolter!“, muhte Stieri Stur. Er rief laut: „Echtes Gold!“
„Nein so was, nein so was, nein so was“, wieherte Nasi Nüster, „So was hab ich noch nie gesehen!“
„Abrakadabra!“ meinte Susi Schnurr. Die Katze sprach immer einen Zauberspruch, ehe sie etwas sagte. „So einen Goldklumpen hätte ich auch gerne.“
Der Bär Bodo Blutwurst schüttelte sich und rief dabei wie immer: „Brr, brr!“ Dann meinte er: „Gold macht auch nicht glücklich!“
Gregor Gänserich flatterte mit seinen weißen Flügeln.
Bestimmt sagte er gleich wieder „Ja, aber“. Doch nein, er blieb still und bewunderte nur den goldenen Stein.
Mia Mu hingegen piepste dreimal und fragte dann:
„Darf ich ihn mal beschnuppern?“
Spitzi Stachelus ließ die Maus schnuppern.
„Und riecht es und ist es schön und gefällt es dir und darf ich auch schnuppern?“, fragte der Hund Wauwi aufgeregt.
Er durfte schnuppern, aber der Stein roch nach nichts.
Der Igel setzte sich auf einen Felsen. Dann betrachtete er lange seinen Goldklumpen. Er hatte ihn im Fluss gefunden.
Welch ein Glück!

Bald saß Spitzi Stachelus alleine da. Er ging mit seinem Gold nach Hause. Plötzlich hörte er hinter einer Mauer Stimmen.

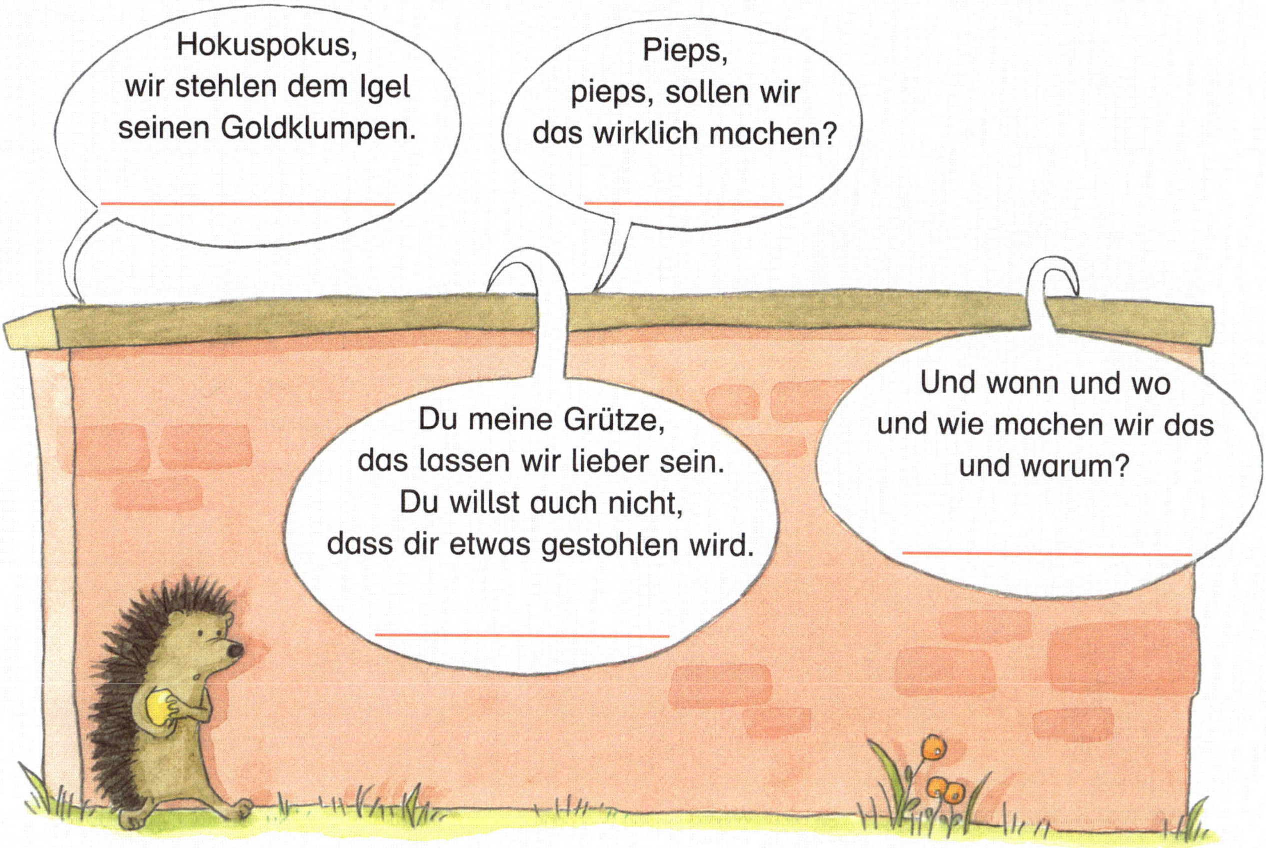

(1) Wer spricht jeweils? Schreibe das Tier zur Sprechblase.

(2) Was hat eines der Tiere vor?

Es will ______________________________

3 Passt die Überschrift zur Geschichte?

☐ Nein, weil das Schwein dem Igel das Gold nehmen will.

☐ Ja, weil das Schwein einen Diebstahl verhindert.

Zaubertrick: Wie steigt man durch ein Blatt Papier?

Probiere diesen Trick aus.

1 Die einzelnen Schritte der Bastelanleitung sind durcheinandergeraten. Nummeriere in der richtigen Reihenfolge.

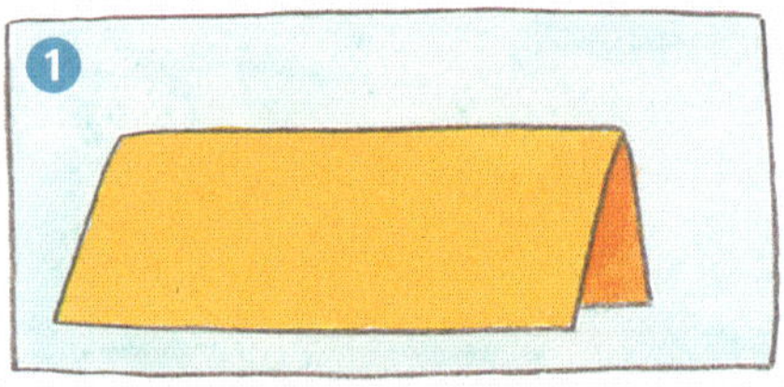

____ Schneide etwa einen Zentimeter von den Blatträndern entfernt an beiden Seiten von der Knickkante bis fast zur anderen Seite ein.

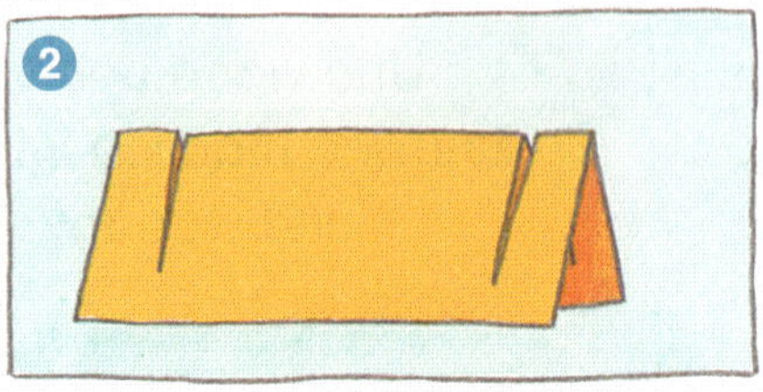

____ Schneide abwechselnd von unten und oben bis knapp vor das Blattende ein.
Achtung! Nicht durchschneiden!

____ Falte das Blatt Papier der Länge nach.

____ Ziehe das zerschnittene Blatt vorsichtig auseinander.

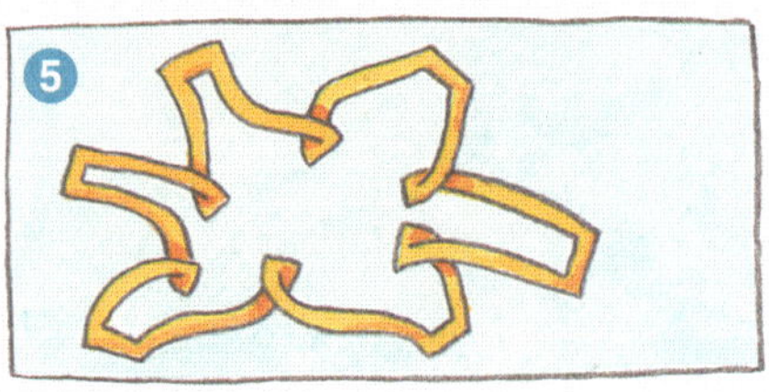

____ Jetzt kannst du durch den entstandenen Papierring steigen.

____ Schneide nun die Knickkante zwischen den beiden Einschnitten auf.